U0597356

智元微库
OPEN MIND

成 长 也 是 一 种 美 好

文案成交高手

俞燕俊 / 著

人民邮电出版社

北京

图书在版编目（CIP）数据

文案成交高手 / 俞燕俊著． -- 北京 ：人民邮电出

版社，2025． -- ISBN 978-7-115-65181-5

Ⅰ．F713.812

中国国家版本馆 CIP 数据核字第 2024GC5059 号

◆ 著　俞燕俊

责任编辑　黄琳佳

责任印制　周昇亮

◆人民邮电出版社出版发行　　　北京市丰台区成寿寺路 11 号

邮编 100164　电子邮件 315@ptpress.com.cn

网址 https://www.ptpress.com.cn

三河市祥达印刷包装有限公司印刷

◆开本：720×960　1/16

印张：16.25　　　　　　　　　　2025 年 1 月第 1 版

字数：206 千字　　　　　　　　2025 年 1 月河北第 1 次印刷

定　价：69.80 元

读者服务热线：（010）67630125　印装质量热线：（010）81055316

反盗版热线：（010）81055315

广告经营许可证：京东市监广登字 20170147 号

前　言

七八年前，我曾在一家房地产广告公司担任总监。那时，有个刚入行的朋友通过微信联系我，希望快速提升自己的专业水平，向我咨询新媒体文案的写作方法与技巧。

我跟她聊了一个多小时，分享了我平时写文案的思路和技巧。她边听边认真做笔记，并且在我们交流结束后，特地向我表示了感谢。

从业多年，很多人向我请教过各种问题，有时我耐心地教他们方法，有时我会直接出手帮忙解决问题。然而除了她，没人曾为我付出的时间和经验特地表示感谢。这让我对她留下了深刻的印象。

更让我觉得难得的是她对知识的整理与吸收能力。对于这种非正式交流，一般人往往是即问即用，事后便将所学抛诸脑后。但她不同，事后她会把我们的闲聊内容进行梳理和总结，整理成文章并保存，真正地将别人的知识转化为自己的财富。

真正聪明的人，懂得在正确的地方付出努力，她就是这样的人。

看完她整理的文章后，我感到很惭愧。我意识到我输出的知识过于碎片化，虽然我可以找理由说闲聊本身就是一种碎片式交流，但我清楚问题所在。

那段时间，我忙于五六个项目的营销推广任务，就像八爪鱼一样忙碌，每天都要跟客户开会、写方案以及处理人事事宜。在这种情况下，我对组内文案新人的指导也变得碎片化，比如标题怎样拟定、折页怎样写、微信公众号文章怎样开头、内文结构怎样调整、怎样构思海报创意等。

此外，一些创业的朋友在公司或门店做活动时，也会找我帮忙解决宣传和文案问题，我会把这些技巧分享给他们。

这些技巧虽然有效，能够解决工作中的"燃眉之急"，但从长远来看，并没有回答那个最重要的问题：写文案这件事的本质是什么？

我没有把这个问题的答案告诉他们，并不是我不愿意与他们分享，而是我自己也没彻底搞明白。

直到 2017 年，那时我在一家专门服务于汽车品牌的广告公司工作，负责劳斯莱斯品牌的新媒体文案项目，正好赶上第八代幻影车型上市，官网首页上有一句英国总部提供的英文广告口号（slogan）需要翻译成中文。客户对翻译公司提交的几十个版本都不满意，无奈之下，他们让我们试一试。

我阅读了翻译公司提交的版本，发现它们都是围绕英文字面意思的直译。

对于劳斯莱斯这样的奢侈品牌，翻译的核心在于传达品牌独特的"言外之意"。尤其是为奢侈品牌或别墅豪宅写文案时，必须学会"装腔作势"，只有准确拿捏那种腔调，文案的调性才精准。所以，我们翻译时不能局限于那句英文，觉得它仅仅是一句广告词，而是要把它转化成一句台词。

我特地邀请了几位好莱坞巨星为第八代劳斯莱斯幻影拍摄了一支广告。这支广告在我脑海中不断循环播放，影片的结尾处，巨星们从幻影中走出来，对着镜头深情地说出了那句英文台词——"哇哦，就这个感觉，这就是我要的腔调。"

我把这个腔调牢牢印在脑子里，然后把这句英文直译成中文，再把直译过来的中文划掉，用另一种方式去重新表述，使它既要符合我脑海中的那种腔调，又不能脱离英文的原意。

最终，客户选定了一句八个字的版本放在官网上，那句话与直译过来的中文截然不同，但却与原版英文的意境异曲同工。

有一天，当我浏览官网，看到这句话时，回想起它的诞生过程，我的脑子里突然"叮"的一声：文案就是翻译啊。

写文案，其实就是将复杂的、抽象的、专业的知识或素材，通过吸收和消化之后转换成简单的、具象的、目标受众能够轻松理解的信息。这个过程不就是翻译吗？

那一刻，我好像打通了文案写作的"任督二脉"。

我上网检索了一下，发现有人提出过这个观点，但只是一种浅尝辄止的比喻，并没有形成完整的理论体系。

李敖曾说："要想搞明白一件事情，最好的办法就是写一本跟这件事情有关的书。"为了实现这个目标，之后的几年里，我在日常工作中不断检验这个概念，以验证其普适性。

从日常的微信公众号文章、海报设计，到电商详情页、视频文案，再到品牌广告口号、广告宣言（manifesto），几乎每一种文案体裁都证明了这个概念的有效性。这不仅提升了我的工作效率，还能帮我更准确地理解客户意图，提高稿件通过率。

经过几年的实践，我把"写文案就是翻译"这个概念扩展为一套完整的理论体系和方法论。

我热爱阅读，并且在广告行业工作了十几年。虽然阅读过很多有关文案写作的书籍，但我发现这些书籍动不动就厚厚的一大本，书中虽然不乏经典理论，但由于表达过于晦涩，不易让人理解。尽管书中包含了精彩的案例，但由于这些案例过于高大上，对于小品牌来说并不具备参考价值。

书都是好书，具有很强的专业性，但同时也存在局限性，对于拥有一定的阅读基础且喜欢自己钻研的人而言，阅读那些经典的图书是大有益处的，但对于知识储备不足的行业新人，以及对文案写作感兴趣却没有时间去钻研的非广告行业的朋友来说，这类图书就显得不那么"友好"了。

所以，我想写一本简洁明了的文案书，不涉及复杂的概念和术语，只聚焦于"写文案就是翻译"这一概念及其在不同广告形态中的具体应用。

方法论，是广告从业者赖以生存的重要武器。

行走于广告江湖，我们无须背满武器，只需携带一件用着顺手又能迅速制敌的就够了。

阅读的过程应该是轻松愉悦的，我将会用聊天的语气，撰写这本带你入门的文案写作书。你可以把我视为一位年纪稍长的同事，只不过我比你早几年进入这个行业，比你多接了一些创意简报（brief），多踩了一些坑。工作之余如果你有时间，不妨翻开这本书，来听我唠叨几句，学习一些文案写作技巧，同时顺便了解一些广告作品的幕后故事。

希望你看完这本书后，也能拿起"写文案就是翻译"这件武器，去闯荡你的文案"江湖"。

目　录

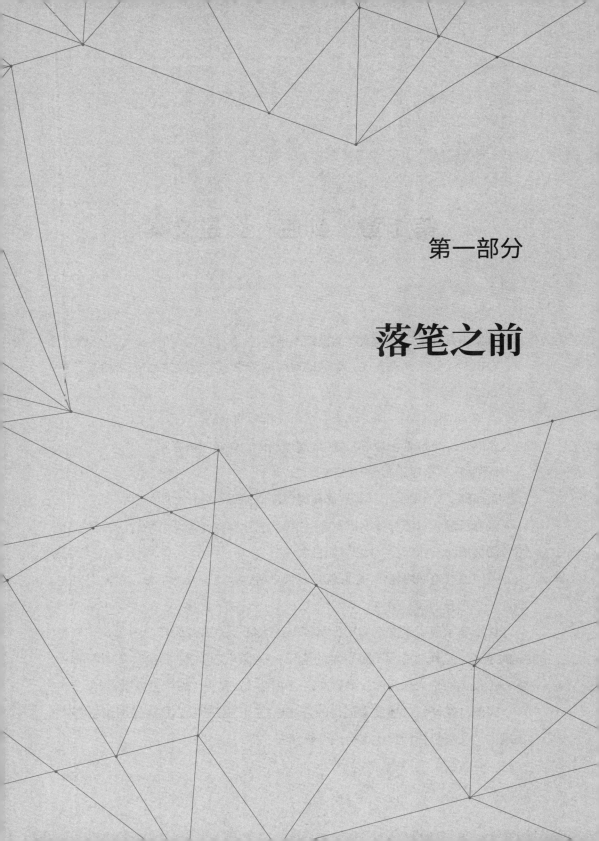

第一部分

落笔之前

第 1 章 到底什么是文案

文案不是文学，其语义不能模糊不清。

在电影《让子弹飞》中，黄四郎对张麻子说："三天之后，一定给县长一个惊喜。"

这里的"惊喜"一词，就是一个语义模糊的词语。

张麻子一把拉着汤师爷："你给翻译翻译，什么叫惊喜？"

汤师爷："这还用翻译？都说了……"

黄四郎："不用翻译，就是惊喜啊！难道你听不懂什么叫惊喜？"

张麻子继续对汤师爷不依不饶："我就想让你翻译翻译，什么叫惊喜。"

汤师爷问黄四郎："什么叫惊喜啊？"

黄四郎被迫回应道："惊喜就是三天之后，我出一百八十万，给你们出城剿匪，接上我的腿！明白了吗？"

这个例子说明了文案需要像黄四郎给张麻子的惊喜那样，确保有一个清晰的承诺，这样才能赢得消费者的信任。一篇语义模糊、指向性不明确的文案，不仅无法带来想要的效果，甚至还可能对品牌或产品产生负面影响。

因此，在开始讲述文案创作的方法论之前，有必要先跟大家明确本书中出现的"文案"一词具体都指代哪些含义。

1.1　文案的定义

最初，文案的"文"指的是竹简、书本这些知识的载体，"案"指的是案头，原义是"放书的桌子"，后来"文案"逐渐引申为"在桌子上写字的人"。

现代广告业的兴起，赋予了"文案"两个全新的含义：一是作为职业的称谓，源自对英文单词 copywriter 的翻译，指的是在广告公司上班，为品牌、产品和服务等商业资源撰写宣传内容的人。这些职位按照经验和能力从低到高一般可分为：实习文案、普通文案、资深文案、文案指导和创意总监；二是针对商品的描述性文字，即出现在广告画面或视频中的所有文字信息。例如，在一张促销海报上，除了电话、地址、价格、时间等必要信息，包括标题、副标题、内文等在内的所有文字，统称为海报文案。

为了避免大家混淆概念，更清晰地理解本书内容，我在这里先界定标准：本书之后提及的所有"文案"一词，都是指广告画面和视频中出现的文字信息，而广告公司的文案职位，则称为"文案创作者"。

1.2　文案的目的

文案的目的就是推销。

文案既可能是为了推销一款产品、一种服务，也可能是为了推广一种体验，或是一个理念。总之，一篇优秀的广告文案，必然具备两个元素：明确的推销对象和清晰的推销目的。

正如广告界的传奇人物大卫·奥格威（David Ogilvy）所说："文案就是纸上推销员。"这里所说的推销员，既指广告公司的文案创作者，也指这些创作者写出来的文字。

文案创作者只有把自己当作推销员，才会知道要跟谁交流，否则就会陷入常见的文案误区：对着产品自说自话。而当你有了明确的交流对象，写出来的文案也成了一位推销员，那些文字自然而然地就会和消费者沟通。

然而在现实生活中，我们随处可见自说自话的文案。

这些文案常见的套路是过分夸大产品功能、服务优势，却忽略了目标消费者是否需要以及是否愿意为这些功能优势买单。

这就好比一个人在面试和相亲时，总是用同一套说辞介绍自己：我叫×××，今年××岁，身高1.8米，毕业于××大学，小学获得过全校广播体操比赛冠军……

对于人事来说，以上信息只有"毕业于××大学"这一条有点参考价值；而在相亲对象眼里，只有年龄和身高稍微有点意义。无论是求职市场还是相亲市场，这样的简历都是给垃圾桶准备的，无效信息太多了。

想要推销成功，我们不仅要说对方想听的话，而且还要让对方能听懂、听得进去，甚至喜欢听，或者是不喜欢但却不得不听的，这就要求文案创作者在撰写文案时，必须将产品功能、服务体验或品牌理念翻译成目标受众能接受的语言。

例如，当你去健身房询问教练怎样才能快速减肥时，如果教练说："通过运动增加能量消耗，造成机体热量负平衡，使肾上腺素分泌增加，释放脂解酶，增强甘油三酯的水解性；同时减少胰岛素分泌，抑制脂肪的合成，并让血液中的游离脂肪酸和葡萄糖的利用率增高，使脂肪细胞释放大量的游离脂肪酸，细胞缩小，消耗掉多余的葡萄糖，避免它们转为脂肪，以此减少异生脂肪的聚积……"这样专业的解释可能会让你想给他一拳。

虽然教练的这套说辞很专业，但你听不懂，也根本听不进去，这时，他需要把这套话术翻译成普通人不用思考就能听懂的语言。

他应该说："跟着我练，一个月瘦 10 斤不是问题。"

你需要的，不就是这种承诺嘛。

第 2 章　文案未动，策略先行

2009 年，我进入房地产广告行业，我的师父让我从最基础的文案工作做起——撰写户型解析。

买过房的朋友都知道，户型图旁边往往会有一段文字，用以详细介绍这个户型的空间布局和独特优势，这就是户型解析。师父让我先把公司服务的所有项目户型解析都看一遍，然后再去模仿。

我看来看去，觉得这些解析内容都差不多，无非就是把那几个关键词轮番调换位置嘛。

当我被指派为一套 90 多平方米的三居室撰写户型解析时，我想写"好看"一点，于是便从其他三居室的户型解析里拼凑出两句文案：奢阔三居，诠释当代人居范本。

师父看完后问我："你知道 90 多平方米实际上是多大吗？"

我说："大概知道。"

师父又问："一个 90 多平方米的户型，在除去公摊面积后，剩下的空间要设计成三居室，这样的户型真的可以称得上奢阔吗？"

我一下明白了问题出在哪里，羞愧不已。

　　然后，师父说了一句让我受用至今的话："文案要先写对，再写好。"

　　对，就是准确。

　　同样是三居室，按照空间大小的不同，可以分为紧凑型、通透型和豪华型。90 多平方米的三居室显然属于紧凑型，它的优势不是奢阔，而是空间的灵动性和舒适性。

　　最后，我将那句文案改成了"灵动空间布局，营造舒适港湾"。

　　这样的描述虽然不出彩，但也不出错。

　　后来，我也成了别人的师父。

　　有一次，一个刚入行的新人为一款针对年轻人的运动型轿车写推文，在描述其操控性时，她写的是"一骑绝尘，从容驾驭"。

　　我问她："你有没有看过这款车的电视广告（TVC）？"

　　她点点头："看过。"

　　我又问："这款车的关键词是什么？"

　　她想了想，说："年轻、运动、激情……"

　　我说："如果一个年轻人开这款车，你觉得他的状态是从容的还是充满激情的？"

　　她马上就明白了我的意思。

　　于是我把当年师父教我的话，转述给了她："文案要先写对，再写好。"

　　后来，那句文案被改为"强悍运动实力，随时驾驭激情"。

2.1　先写对，再写好

所谓写对，就是确保文案不跑题、不偏离中心思想，并且要有针对性。在撰写任何一句文案之前，都要考虑清楚以下三个问题：对谁说？说什么？怎么说？

对谁说，是为了让你明确这篇文案是给谁看的；说什么，是为了让你明确受众的需求和喜好；怎么说，则是体现文案创作者遣词造句功力的重要环节。前两个属于策略层面，它们决定了文案的准确性；而第三个则属于技巧层面，它决定了文案写得好不好。

如果偏离了策略，即使文案写得再精彩，也难以达到预期效果。

你应该看过关于"月薪3000元和月薪30 000元的文案到底差别在哪里"这种话题的文章，归根结底，这两者之间的差别就在于能不能看到问题的本质。

月薪3000元的文案工作者只局限于翻字典，这句话不行就换一句，改了十几稿都通不过，却还不知道问题到底出在哪里；而月薪30 000元的文案工作者则善于从策略角度出发，直击问题的本质，哪怕有时只改几个字，却精准地校正了方向，达到了恰到好处的效果。

2.2 什么是传播策略

根据《现代汉语词典》（第 7 版）给出的关于"策略"一词的解释，含义如下。

（1）根据形势发展而制定的行动方针和斗争方式；

（2）讲究斗争艺术；注意方式方法。

这个定义更偏向于战争谋略，而在广告领域，策略通常指的是传播策略。

那么，什么是传播策略呢？

传播策略是指在综合了解传播对象的内容、特点以及传播受众的心理特点、情况之后，运用多种媒介方式，多管齐下，各有侧重，以期在传播过程中完成对传播对象形象的塑造，使传播受众对传播形象形成预期的认知。

这个定义非常专业，但也太令人费解，没有一定的专业基础，很难透彻理解其中的全部含义，我翻译一下：

传播策略就是"搞清楚你想让谁干什么，达到什么目的"，然后用量身定制的文字、画面或视频去说服他们。

"想让谁，干什么"——这个就是所谓的洞察。简单的理解就是，找到目标人群共同的渴望、偏好、需求，并想办法满足他们。

以甲壳虫汽车在美国市场的推广为例。

这款车型刚进入美国市场的时候，面临着巨大的挑战。因为美国人喜欢"大"：高楼都要盖帝国大厦，同样地，他们喜欢的车也是那种大型车。你看美剧和美国电影时不难发现，从总统团队、美国联邦调查局（FBI）特工到霸道总裁、中产阶级，甚至农场工人，开的全都是大型车。

在当时的美国人看来，甲壳虫汽车不仅体型小，而且外观丑，如何让喜欢"大就是美"的美国人掏钱买这只"又小又丑"的"甲壳虫"呢？

广告大师威廉·伯恩巴克（William Bernbach）接下了这项几乎不可能完成的任务。

经过深入的市场调研，伯恩巴克找到了一个洞察：你们（美国人）认为大就是好，觉得"甲壳虫""小而丑"，这是一种狭隘的审美和价值观，聪明人应该学会摒弃这种偏见。

基于此，他制定了这样的传播策略：让我跟你讲讲"小"的好处。

这确实是一步险棋。

因为伯恩巴克要颠覆美国流行的汽车美学，并重塑一种新的汽车审美标准，而他之所以敢这么做，是基于一个前提：他知道美国人崇尚实用主义，只要你能提供合理的理由，并证明这些理由能给他们带来好处，他们就会被你说服。

对谁说——以大为美的美国人。

说什么——小有小的好。

怎么说？

广告史上最经典的系列文案之一"想想小的好处"（Think Small）就此诞生了。

想想小的好处

我们的小车没有标新立异

许多学院派对它不屑

加油站的小伙子也不会问它的油箱在哪里

没有人注意它，甚至没人看它一眼

但是，驾驶过它的人不这样认为

因为它耗油低，不需防冻剂

能够用一套轮胎跑完 40 000 英里 [①]

这就是为什么你一旦用上我们的产品，就会对它爱不释手

当你挤进一个狭小的停车场时

当你更换那笔少量的保险金时

当你支付那一小笔修理账单时

或者当你用旧大众换得一辆新大众时

请想想小的好处

　　根据这个策略，甲壳虫品牌发表了一系列别具一格的文案，改变了美国人对汽车的审美观念，使购买甲壳虫汽车成为一种潮流时尚，这些文案也成了享誉全球的佳作。

　　实事求是地说，无论空间、性能，还是舒适性、安全性方面，甲壳虫汽车都不能跟大型车相比。但是，如果没有伯恩巴克颠覆传统观念的策略，这些文案就只能过分夸大甲壳虫汽车的优点，甚至引来消费者的嘲笑。

---

① 　英制长度单位。1 英里 ≈1.609 千米。——编者注

在确定这个策略之后，即使换不同的人或广告公司来给甲壳虫汽车写文案，只要遵循这个方向，文案的调性也能保持一致。

甚至，只要策略对了，文案创作也可以从现有素材中汲取灵感。

2023 年 4 月 2 日，我帮一家孤独症学校策划了一场公益活动。为了让更多人深入理解这个群体，我决定在现场摆放一组横幅文案。

一般这种公益文案，都是立足于第三方视角呼吁大家奉献爱心，支持弱势群体，即我（活动主办方）邀请你（活动参与者）去关注他（孤独症儿童）。

这种表达方式本身没有错，但力度往往不够，容易让人过目就忘。

我的洞察是：小朋友们亲口说的话，更容易打动大人。

我的策略是：不用第三方视角劝说，而是直接让孤独症儿童亲口诉说他们的内心。

然而，问题又来了：孤独症儿童连日常沟通都非常困难，更别说让他们表述内心的感受了。

我四处收集资料，找到了一本由日本孤独症儿童写的自传——《我想飞进天空》。这本书第一次向世人展现了孤独症患者的内心所想以及他们眼中的世界。

我把书从头到尾看了一遍，做了很多笔记，最后从中挑选了 5 句作为海报文案，这些文案解释了日常生活中孤独症儿童做出一些怪异行为背后的真实原因。

当我身处大自然，我的身体就充满能量，不论身边的人忽略我或推开我多少次，大自然都会给我内心一个温暖的拥抱。

——我是孤独症儿童，可以不推开我吗

我喜欢简单直接的电视节目，因为我能猜出下一步会发生什么，这让我感到放松，当我进入熟悉的情境里，我会变得十分兴奋。

——我是孤独症儿童，可以不笑我傻吗

即使我知道不能做某些动作，我还是会做，当我重复做那些动作时，大脑会产生嗡嗡的电流声，很舒服，它让我心安并冷静下来。

——我是孤独症儿童，可以不把我当怪物吗

如果你给我点了一杯果汁，并放在我面前，但没有说"尝一下"或"快喝吧"这样的话，我就无法进行下一步动作。

——我是孤独症儿童，可以不说我笨吗

我的身体无法保持静止，当我不动时，会觉得灵魂慢慢从身体里抽离，这让我心神不宁，所以我要一直四处张望，寻找出口。

——我是孤独症儿童，可以不怪我躁动吗

之前，我并不理解孤独症儿童为什么会有这些表现，我不知道他们是意识不到某些问题还是故意跟别人作对，然而，当我看完这本书后，我不仅理解了他们，还感到特别心疼。这些话深深打动了我，我相信它们同样也能深深打动其他人。

活动当天，很多妈妈在这些条幅前伫立良久。

文案没有刻意渲染或煽情，也没有刻意呼吁她们关注并接纳这些孩子，但是，看过这些横幅文案的人，他们看待这群孩子的眼光，从此永远改变了。

　　当一个任务被丢给你时，你不要急于开始，先弄清楚人群洞察和传播策略分别是什么，再去思考怎么用文字来表达，只有走在正确的道路上，你才会"下笔如有神"。

第3章 为什么说"写文案就是翻译"

王家卫拍《堕落天使》这部电影的时候，让演员们把"I love you"翻译成中文，有个演员脱口而出："我爱你"。

"我爱你"的确是"I love you"的字面意思，但这不是王家卫想要的答案，这么直白的台词，不可能出现在他的电影里。

他告诉演员，应该这么翻译："我已经很久没有坐过摩托车了，也很久未试过这么接近一个人了，虽然我知道这条路不是很远，我知道不久自己就会下车，可是，这一分钟，我觉得好暖。"

还有一个类似的例子。

日本作家夏目漱石在一所学校当英文老师时，讲解完一篇关于爱情的文章后，让学生把"I love you"翻译成日文，学生们自然而然地说出了"我爱你"这样的答案。

夏目漱石觉得不满意，并讲日本人在情感表达上是比较含蓄的，这句话应该翻译得更加优美一些，学生反问他应该怎么翻译。

他说："今晚月色真美。如果对方也喜欢你，就会回应——风也很温柔。"

在广告范畴里，"I love you"就相当于品牌或产品信息，需要文案创作者将其翻译成适合传播的语言。王家卫导演翻译的是视频文案，夏目漱石翻译的是文章文案。

　　上面两个翻译案例，不仅是"语种之间的转换"，还针对目标受众和应用渠道，在表述方式上进行了二次翻译。

　　我所说的"写文案就是翻译"，更多指的是后者。

　　我在前文说过，写文案，其实就是将复杂的、抽象的、专业的知识或素材通过吸收和消化之后转换成简单的、具象的、目标受众能够轻松理解的信息。

　　我写这本书，其实也在践行这个方法：把营销、品牌、写作等各领域的专业知识融合在一起，翻译成人人都能理解的方法论。

　　这就要求文案创作者必须做到两点：一是要彻底吸收并消化专业的、复杂的知识，绝不能在一知半解、似懂非懂的情况下开始写作；二是要清楚用什么样的表达方式能让消费者听得懂，最好还能喜欢听。

　　说得再通俗点：见人说人话，见鬼说鬼话。

　　比如写一款护肤品的文案。

　　文案创作者要先搞明白，每一种化学原料成分都代表什么，组合在一起能产生什么化学反应。毕竟大部分普通消费者并不清楚产品中那些专业的术语和复杂的原理，他们也不需要懂这些。

　　你只需要在文案中告诉他们：这款护肤品能让皮肤更紧致水润，这是消费者听得懂的话，可以作为内文；而紧致水润的皮肤会让人看起来更年轻，这是消费者喜欢听的话，应该作为标题。

3.1　文案翻译的三步流程

第一步：确定翻译目的

以劳斯莱斯汽车为例。

有一年，他们为每款车型推出了一个黑标（Black Badge）版本，客户让我们写一些文案，宣传黑标所代表的暗夜与反叛精神。

可能有些文案创作者接到创意简报后直接就动笔了，因为客户已经给了答案，那就把这答案直接转述给读者。

但是我想知道，这个答案从何而来？为什么黑标代表暗夜和反叛精神？它是否暗含某种只属于某个小圈子的荣誉？除了暗夜和反叛，还有没有别的词可以诠释它的精神？

第二步：收集一切资料

当时从客户给的资料里，我找不到反叛精神的来源解释，虽然从"Black Badge"这两个单词中，可以隐约感受到一种特立独行的感觉，但感受不是事实。一个人的感受不代表所有人都是这样的，我也不能擅自做主，将个人感受设定为品牌基调。

文案可以是感性的，但它的核心必须基于事实。

为了追根溯源，我翻遍全网，最后在国外某网站上找到一个视频，它解释说，在英国 20 世纪某时期，一群富家子弟经常半夜开车出没在伦敦街头，做一些打破传统规则的事……

暗夜、反叛、黑标，一切都对上了。

第三步：准确翻译文案

如果你对一件事有了足够深入的了解，写出来的东西就不会跑偏，从而做到"形散而神不散"。

那个视频里的故事，虽然最终没有用在文案里，但抽象的黑标精神，已经在我脑海里形成了具象的画面。这些背景知识，让我更深入理解了这个系列车型的内涵，相比原先的一知半解，之后我写出来的文案会更准确。

3.2　文案翻译的四种类型

在实际工作中，文案翻译的类型有很多，篇幅有限，我简单说说最常见的四种。

第一种：从发散到精练

比如广告公司接到一个新项目，要去比稿，或者老客户要做一个新广告活动（campaign），广告公司要用很多页演示文稿（PPT），从各种发散的思路里提炼项目或广告活动的精神内核与传播理念，最终推导出一个主题句，这个高度精练的主题句，就是对那些演示文稿内容的浓缩。

第二种：从精练到发散

比如一款新车上市，通常会有一句广告口号代表这款车的"精气神"，这句广告口号往往只有几个字，它是对谁说的？它又有哪些含义或言外之意？为什么要这么说而不是用另一种方式说？这些问题，不能指望消费者自己就可以从广告口号中解读出完整答案，文案创作者需要把这句话翻译成一篇文章，详细解释清楚它的内在含义。

第三种：从视觉到概念

很多年前，铁达时手表拍了一支广告，这支广告由周润发和吴倩莲主演，讲述了一个荡气回肠的凄美爱情故事。全片没有一句介绍手表的文案，只在片子结尾出现了一句文案——不在乎天长地久，只在乎曾经拥有——这句话就是将视觉内容浓缩成文字概念。

第四种：从概念到视觉

在电影《猩球崛起》第一部中，编剧面临一个很难的任务：用三场戏体现凯撒的逐渐觉醒。

如果是面对面聊天，你可以说凯撒在和人类交往的过程中一点一点发现了自己的不同，慢慢拥有了独立意识……但这不是电影语言。电影需要通过画面来讲故事，那么怎样把这三次改变翻译成画面呢？

编剧是这么写的。

第一场：凯撒在森林里遇见一条狗，他发现自己脖子上也拴着铁链，于是问主人："我是不是宠物？"

这是他第一次意识到自己跟人类的不同。

　　第二场：凯撒被关进收容所后，主人打开笼子的铁门，准备带他回家，他发现主人手里拿着铁链，主动关上了门。

　　这是他第一次自己做选择。

　　第三场：收容所的饲养员殴打凯撒，他反抗并喊出了"No"，吓坏了所有猩猩和人类，包括观众。

　　这是他第一次发出人类的语言。

　　三场戏，层层递进，清晰地展现了凯撒的觉醒之路。而这种把想法概念翻译成镜头语言的能力，就叫"概念视觉化"，这也是现在短视频创作者需要掌握的关键能力之一。关于短视频文案的创作方法，我后面会单独开章细讲。

第 4 章　文案翻译的四个标准

严复在《天演论》中说过有关翻译的话："译事三难：信、达、雅。""信、达、雅"问世之后，被赋予了各种"封号"，"翻译标准"就是其中的"封号"之一。信，指译文要准确，不偏离，不遗漏，也不要随意增减意思；达，指不拘泥于原文形式，译文通顺明白；雅，指译文词语要得体，追求文章简明优雅。

这三个标准放到写文案上也是通用的。

4.1　信

在文案中，信指文案所传递的信息必须准确，这是底线。

以甲壳虫汽车的广告"Lemon"为例，lemon 一词直译过来是柠檬，是一种常见的水果，可是一张汽车海报为什么会用水果作为标题呢？

你去刨根问底，发现这个词还有另一层含义：在 20 世纪初的英国俚语中，人们经常用 lemon 一词形容一辆不好的车，比如"The car is a lemon"，表示"这辆车很差劲"。

因此 lemon 一词又指代有瑕疵的、没什么价值的东西。

知道了这个背景，翻译标题时就不会跑偏了。

4.2　达

在文案中，达指语句或文章在逻辑结构上必须通顺，这是及格线。

以"Lemon"（不良品）这篇文案的内文为例，为了方便理解，我把整篇内容分成 8 句。

不良品

这部甲壳虫没有过关。

仪表板下小杂物箱中的铬钢有点损伤，必须换，您可能根本不会注意到它，但检验员柯特·柯尔诺不然。

我们在西德[①]沃尔夫斯堡（Wolfsburg）的工厂中有 3389 人专门负责一件工作：在每一个生产步骤中检验甲壳虫（我们每天生产 3000 部甲壳虫；检验员多于汽车）。

---

① 　即两德统一前的德意志联邦共和国，也称为联邦德国。

每一个避震器都必须接受测试（单用眼睛检查是不行的），每一片挡风玻璃都要接受检视，甲壳虫常因外表有一点肉眼几乎无法看到的小刮痕就被淘汰出局。

最后的检验绝不含糊。

甲壳虫的检验员把每一部甲壳虫从生产线开到汽车测试站，接受189项检查，再开往自动刹车站，每50部甲壳虫之中就有1部不能过关。

这种注意细节的态度足以表示，就整体而言，甲壳虫比其他的车子更加耐用，而需要较少的保养（这也足以表示，甲壳虫旧车的折旧率比其他的车子低）。

我们挑出酸涩的柠檬；让您得到甘甜的李子。

整篇文案的结构非常清晰，以悬念开头：这辆甲壳虫没有过关。

为什么这辆车没过关？

第二句开始解释：你可能没注意到，仪表盘这个不起眼的地方有个细节瑕疵，但我们的质检员注意到了。这句话的潜在含义是：我们的质检员很负责任。

怎么证明质检员真的很负责任呢？

第三句和第四句就是对这个问题的答复，这两句话里又暗含了两个优点：一是质检员比生产的车更多，言外之意，为了保证质量，我们不惜代价；二是全车必须经过实际测试，言外之意，我们不玩侥幸，是骡子是马，拉出来遛一圈就知道了，每一辆出现在市场上的甲壳虫，都是实打实经过检验的合格品。

第五句是个过渡，制造期待，把读者情绪推向高潮。

如果说第三句和第四句是特写镜头，展现质检员的认真负责，那么第六句就是全景镜头，展现整个检验流程的复杂与细腻：189 处查验点，等于说整辆车里里外外每一个角落，能得经过质检员的严苛审查。

第七句阐述严格质检的意义：甲壳虫更耐用，因为它在出厂前已经被层层筛选过了。

最后一句，是对标题的呼应，也是对整篇文案的升华。

通篇文案的结构环环相扣，密不可分。

4.3　雅

在文案中，雅指文案的整体调性要与品牌或产品相匹配，这是优良线。

前面说了翻译要准确，又说了 lemon 一词不能直译成柠檬，那么为什么上一段"Lemon"文案的内文里还是出现了柠檬呢？

这是"雅"要解决的问题。

如果你是一个文案新手，你知道了 lemon 一词的另一层含义，你会怎么翻译这个标题呢？

我猜，你可能会把标题"Lemon"翻译成"残次品"或者"瑕疵品"，甚至是"不合格的车"。

这些翻译确实没有错，受众看到这样的翻译，也不会出现理解上的偏差。但对于一个优秀的文案创作者来说，你追求的不仅仅是不出错，而是在对的前提下怎样翻译得更好。

甲壳虫汽车并不是一个主打性价比的品牌，它骨子里是很骄傲的，为一个有态度的品牌做翻译时一定要谨记：绝不能让负面词汇直接出现在广告标题中，哪怕这支广告想采用先抑后扬的表达手法。

我们要考虑到，如果标题出现"残次品""瑕疵品"这样的字眼，而有些读者恰好只看了标题，没看内文解释，他们会把"甲壳虫"跟这些词直接画等号，这跟传播目标是相悖的。

解决方法是：用正向的词 + 否定的形式。

因此，"Lemon"的中文翻译是"不良品"。

良品，是好东西，而不良品，就是有瑕疵的东西，但因为"良品"两个字的存在，人们在大脑中要把它理解成有瑕疵的东西，就得拐个弯，而大脑是喜欢偷懒的，你不深究，它就不会拐这个弯，留下的印象还是良品，或者至少是"不是很好的东西"。

尽管"不是很好的东西"和"有瑕疵的东西"是同一个意思，却会给人留下两种完全不同的印象。

这就好比我们形容某个人，当你说他是"一个不完美的人"和说他是"一个有臭毛病的人"，听众对这个人的印象是完全不一样的。因为大脑关注的焦点，不是"一个不"和"一个有"，而是"完美"和"臭毛病"。

除了信、达、雅，关于文案翻译的标准，我还想再加一点。

4.4　简

在文案中，简指措辞尽量简洁，尤其是写长文案或文章时，要做到标题与内文、段落与段落之间的衔接紧密，每一字每一句都不可或缺，这是天际线。

你可以返回去重读一遍甲壳虫汽车那篇《不良品》的文案，试着看能不能删除其中的任何一句，包括括号里的话。你会发现，删掉任何一句都会改变整体效果，要么意思变了，比如所有涉及数据的地方；要么态度不坚定了，比如第二句里的"必须换"；要么情绪弱了，比如第五句"最后的检验绝不含糊"你会发现整篇文案中的每一句都有其存在的价值。

简洁，不是一味追求篇幅短小，而是在信息传达的准确性和完整性的前提下，删掉冗余的文字。我们不能本末倒置，为了追求篇幅的短小而牺牲信息的完整性。

信（信息准确）、达（逻辑通顺）、雅（调性吻合）、简（措辞简洁），这四个翻译标准呈递进关系。每个文案创作者都可以把它当作标尺，以衡量自己的文案作品到了哪一层。

据我观察，一般刚入行的新人勉强可以达到底线标准；工作几年后，经过大量实践，可以达到及格线水平；到了文案指导甚至创意总监这个级别才能碰到优良线；至于天际线，则主要看个人天赋，以及个人有没有自觉性，有的文案创作者一入行就有这种意识，而有的人哪怕做到了创意总监，都不知道这根线的存在。

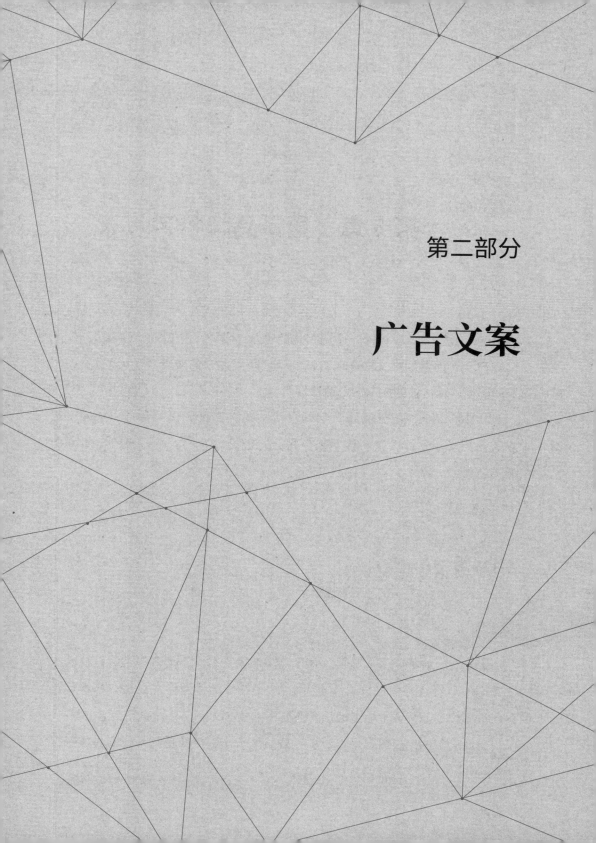

第二部分

广告文案

第 5 章　翻译品牌名字

很多国外大品牌在踏入中国市场时，都会寻求一个既符合中国人审美、又好记且有内涵的中文译名，这样的译名既能提升消费者对品牌的好感度，又能降低品牌传播的成本，可谓一举两得。

通常情况下，国外品牌名字的汉化主要有四种方式：音译、意译、意音兼译，以及另辟蹊径。接下来，我会通过具体案例，一一介绍这些翻译形式。

5.1　音译

音译有个好处：人们只要记住了品牌的中文名字，大概率就能记住其英文原名（尽管这好像也没太大意义）。一个精彩的音译中文名是有基本标准的，即不仅要在读音上贴近原词，还要在中文含义上与品牌业务产生关联。

比如，IKEA 音译成"宜家"，光看这两个字，就知道它是跟家具或家居相关的品牌，而"宜"字又给人"适宜""相宜"甚至"便宜"的联想，因此它不会是一个奢侈品牌，而更像一个适合多数人的平民消费品牌。这些联想跟它的经营理念"提供种类繁多、美观实用、老百姓买得起的家居用品"是一脉相承的。

再如，Reebok 音译成"锐步"，Puma 音译成"彪马"，光凭这些中文名字，你也能猜到它们是与运动相关的品牌；Maybelline 音译成"美宝莲"，给人"它能帮人变得更美"的联想，这个联想是符合化妆品这个行业属性的。

又比如，Pampers 音译成"帮宝适"，哪怕你不知道它具体销售什么产品，也能猜到这些产品与婴儿用品相关。至于它是卖婴儿纸尿裤还是宝宝椅、婴儿服，并不重要，重要的是这个名字给人"它能帮助宝宝更加舒适"的联想。在帮宝适和其他品牌纸尿裤之间，它为家长们提供了一种情感上的选择偏好。

音译有时也是一种美化手段。很多国外品牌的原名，如果根据原意直译过来，可能令人难以接受，而用音译的方式可以对其进行美化加工。

比如上面提到的 IKEA，它是由宜家创始人英格瓦·坎普拉德的姓名 Ingvar Kamprad，他成长所在地的爱尔姆特瑞（Elmtaryd）农庄和附近村庄阿根纳瑞（Agunnaryd）的首字母组合而成。也就是说，IKEA 原本的含义是：阿根纳瑞村爱尔姆特瑞农庄的英格瓦·坎普拉德，这样又长又带有地域性的名字，是不可能作为品牌名的，幸运的是，英格瓦·坎普拉德将它缩写成 IKEA，巧妙地避免了这一问题。

又比如我们熟悉的超市品牌 Carrefour，中文名叫"家乐福"，让人产生"家庭购物、欢乐、福气满满"等联想，这可以说是一个很贴合中国消费者心理的翻译，如果直接翻译成它的本意"交叉路口"，谁能猜到它是个超市呢？

音译中有一些特例：很多国外奢侈品牌的中文名，都是直接音译自创始人的名字，并没有什么特定的寓意，与品牌业务的关联性也并不强。

比如 LV 的中文名"路易威登"，音译自创始人的名字"Louis Vuitton"；Dior 的中文名"迪奥"，音译自创始人的名字"Christian Dior"；Armani 的中文名"乔治·阿玛尼"，音译自创始人的名字"Giorgio Armani"；Chanel 的中文名"香奈儿"，音译自创始人的名字"Coco Chanel"；劳斯莱斯更是结合了两位创始人的名字——Charles Rolls（查尔斯·劳斯）和 Henry Royce（亨利·莱斯）……

这些中文翻译并没有引申含义，对提升品牌力而言，无功也无过，但由于奢侈品强调审美、设计、定制、手工这些特质，因此奢侈品牌可以通过强大的广告宣传，一遍又一遍讲述品牌起源故事和创始人理念，塑造出独一无二的创始人 IP[①]。

也有一些品牌的中文名，并不符合中国人的想象，没有通过翻译四大标准的"雅"这一关。

比如 Valentino 的中文名"华伦天奴"，也是音译自创始人的名字：Valentino Garavani，但因为"奴"这个字在中国语境里是个负面词汇，所以给人的联想不太好。

其实，"奴"这个字有两种含义，本义是奴隶，后来又引申为动植物及其他杂物名所带的缀词，具有喜爱的感情色彩，比如"猫奴"。如果取后者之意，"华伦天奴"这个名字并无不妥。

但这就涉及一个传播常识：要不要挑战消费者的固有观念？

---

① IP（Intellectual Property），是一个网络流行语，直译为"知识产权"，该词在互联网界已经有所引申。互联网界的"IP"可以理解为所有成名文创作品的统称。——编者注

　　"天奴"这两个字，并不能令人产生像"猫奴"那样的联想，而且在多数中国人的观念里，"奴"是个蔑称，品牌如果想扭转这种观念，就要投入巨大的宣传费用去教育消费者，这样的努力还不一定成功。

　　Valentino 还有个版本的翻译，叫"瓦伦蒂诺"，好莱坞知名导演 Quentin Tarantino 的中文名"昆汀·塔伦蒂诺"就是这么翻译的。"瓦伦"在气势上不如"华伦"，"天奴"的联想又不如"蒂诺"好，如果各取一半，叫"华伦蒂诺"，或者"华伦天诺"，或许不失为一种解决的方法。

　　还有些品牌的中文名，既没有创始人 IP 加持，也没有明确的联想意象，只是读音和英文相似，中文含义却不明确，这种翻译是比较随意的，是没有办法的办法。

　　比如丰田旗下的一款紧凑型轿车 COROLLA，最初的中文名就是单词直译——"花冠"，这个名字其实还好，能让人产生一些正向的美好的联想，后来据说因为车型升级换代，名字也改成了更洋气的"卡罗拉"，然而这种洋气并没有为品牌附加值加分。

　　丰田旗下的硬派越野车 LAND CRUISER，也是同样的情况。

　　这款车最初的中文名叫"陆地巡洋舰"，是按照英文含义直译过来的。巡洋舰，一听就知道是一种大型水面舰艇，事实也确实如此，它配备了较强的进攻和防御型武器，具有较高的航速和适航性，能在恶劣气候条件下长时间进行远洋作战。

　　陆地巡洋舰作为一款中大型越野车，配置好，性能强，即使在复杂的地形、恶劣的环境和极端的天气条件下，它依然能够展现出卓越的驾驶性能，这款车子和其名字所指代的意象是吻合的。

　　后来，又为了让名字听起来更时尚、更洋气，丰田把 LAND CRUISER

的中文名从意译改成音译，即把"陆地巡洋舰"变成了"兰德酷路泽"。

然而，时尚真的是消费者选择 LAND CRUISER 的核心理由吗？

总结一下

如果你想用音译的方式把英文品牌名翻译成中文，要注意三点：（1）中文读音要和英文读音相似；（2）中文含义要与品牌调性相吻合，不能有负面联想；（3）中文名要和行业属性产生关联，或突出产品核心优势。

互动

咖啡品牌 Costa，用的也是创始人的名字，你知道它的中文名叫什么吗？你觉得它的中文名好还是不好？你在生活中听过有人叫它的中文名吗？

想一想，这是为什么。

5.2 意译

采用意译形式的中文名，往往是因为原名已经具有明确的含义，中文只需翻译它原本的含义即可。比如，Facebook，中文叫"脸书"；Airbus，中文叫"空中客车"；Shell，中文叫"壳牌"。但是，品牌名字的意译也分两种形式：一种是无须加工的绝对翻译，另一种是可以进行加工的相对翻译。

第一种：无须加工的绝对翻译

无须加工的绝对翻译适用于本身往往很普通，没有情感偏好的品牌名字，如果你希望消费者偏爱这样的名字，就要为它注入品牌的精神内核、愿景，或者赋予它一个令人印象深刻的品牌故事。

做跨境电商的人，应该都知道 Amazon，它的中文名叫"亚马逊"，但这个在线购物平台一开始并不叫这个名字，它的创始人杰夫·贝索斯（Jeff Bezos）在注册公司时，给它取的名字是 Cadabra，没过多久，一个律师误把这个名字听成了 Cadaver（尸体），贝索斯才意识到这个名字有问题，赶紧召集团队进行头脑风暴，给公司想一个新名字。

贝索斯的标准只有一条：必须是字母 A 开头的单词。

贝索斯设置这个标准的原因很简单：当时的电话名单是按字母表排序的，以字母 A 开头的公司可以排在名单最前面。最后他看中了 Amazon 这个词，但 Amazon 只是一条河的名字，它和电子商务有什么关系呢？

贝索斯把他对公司的愿景赋予到这个词身上。亚马孙河（Amazon）是世界上流域面积最广、流量最大的河流，其支流数量也非常庞大，而他也希望自己创办的网上商城中的商品种类能像亚马孙河的支流一样丰富，服务区域能像亚马孙河的流域一样宽广。此外，亚马孙河在南美洲，很有异域风情，他同样希望公司的气质与众不同，与其他网上商城区分开来。在亚马逊的视觉标志（logo）里，你可以看到字母 A 和字母 Z 底下有个笑脸箭头，这代表公司所售商品覆盖了从字母 A 到字母 Z 的范围。

你看，如果没有这个品牌愿景，亚马逊就只是一个普通的名字，可是当贝索解释完它所代表的含义后，你会觉得亚马逊是一家了不起的公司，亚马逊也确实如贝索斯期待的那样一步步发展成了全球最大的网上商城。

如果名字本身没有什么特殊含义，创始人也没赋予它品牌愿景怎么办？

比如 Apple，中文名是苹果，这个水果跟科技公司有什么关系呢？

据说苹果公司的创始人史蒂夫·乔布斯（Steve Jobs）给公司起名时，有很多备选方案，例如五角星公司、矩阵科技之类，这些名字看起来就比较高大上，且跟科技相关，还有点神秘主义色彩，但也正因为这些名字太像科技公司的名字，所以都被乔布斯否决了。

还记得苹果公司的广告口号"Think Different"吗？

换个角度想一想，有没有什么更加与众不同的选择，最好是看起来跟科技完全不相关的名字呢？

当时乔布斯为了减肥，每天都吃苹果，于是提议：干脆就叫"Apple"吧。

跟贝索斯一样，乔布斯考虑的也是按照字母顺序排列，Apple 一词不仅在通讯录列表里能名列前茅，还能排在它当时最大的竞争对手雅达利（Atari）前面。

如果有人问乔布斯，为什么给公司取名为 Apple？

他完全可以给出一堆解释：苹果让牛顿发现了万有引力，它代表了从天而降的灵感，而灵感是我们最珍视的事物；苹果还是生活中最常见的水果之一，我们希望苹果电脑也成为每个家庭必备的产品……

但乔布斯并没有这么做。

苹果公司的视觉标志，一个被咬掉一口的苹果，一直是人们津津乐道的话题。网上流传着两种关于这个标志的说法。

一种说法是：最初版本是个完整的苹果，但乔布斯看后觉得它识别度并不高，甚至觉得它看上去更像樱桃，为了避免这种混淆，乔布斯决定在苹果上咬掉一口，这样人们就可以一眼认出它是个苹果了。

另一种说法是：乔布斯非常尊敬现代计算机之父阿兰·图灵（Alan Turing），他充满传奇与悲剧的一生提醒后世：偏见会扼杀创新，而颂扬和接受多元化是释放创新力的关键。据说，图灵对世界绝望后，吃下一个沾满氰化物的苹果自杀了。如今，在英国曼彻斯特（Manchester），有一尊图灵的雕像，他坐在长椅上，手里拿着一个苹果。乔布斯让苹果的视觉标志被咬去一口，是为了纪念这位伟大的计算机先驱。

这些说法到底是真是假，众说纷纭。

后来，英国作家、演员和电视主持人斯蒂芬·弗雷（Stephen Fry）给乔布斯发了一封电子邮件，询问他："我女儿说，苹果的视觉标志缺了一口，是有意向图灵致敬，真的是这样吗？"

乔布斯回答说："事实并非如此，但我还真希望是这样。"

看到这里，你可能会疑惑：你前面说要把品牌的精神内核翻译成名字，要赋予它意义和故事，而乔布斯并没有这么做，可苹果依然成了一个伟大的品牌，你说得不对啊。

事实刚好相反。

乔布斯虽然没有明确表达，这些故事却一直在消费者当中传播，以至于很多了解苹果品牌历史的老"果粉"，每次听到这样的故事都要"辟谣"，奇怪的是，在一次次的辟谣中，"苹果的视觉标志缺了一角是为了向图灵致敬"的故事却越来越深入人心。

消费者喜欢这样的故事，他们希望自己喜欢的品牌师出有名，哪怕他们知道这个故事是假的，在潜意识里依然会将苹果电脑与伟大、创新、特立独行这些关键词关联在一起。

乔布斯是否赋予苹果意义与故事并不重要，重要的是这个案例告诉我们，人类的大脑是如何记住并认可一个品牌的。

大脑喜欢什么，翻译时就要尽量去"讨好"大脑的认知习惯。

国内很多公司也采用这种取名方法，用生活中的常见物品作为品牌名，但他们都忽略了一点：没有将品牌的精神内核融入品牌名字，或者品牌的精神内核与品牌名字并不一致，或者品牌故事不够动人，因此这些品牌只能成为行业的追随者，很难成为行业的领导者。

有些人可能会疑惑：你说的这些都是取名字的事，和翻译有什么关系呢？

当然有关系。

意译，在品牌翻译中至关重要，它包括品牌名字的含义、品牌精神和品牌故事。然而，很多国外品牌进入中国时，只翻译了品牌名字，却没有翻译品牌精神，这就会造成截然不同的品牌印象，我用两个国外的品牌对比一下，大家就知道其中的差异了。

一个品牌叫谷歌（Google），它曾经有一个非正式广告口号——不作恶（Don't be evil），这体现了公司的价值观。这一品牌精神内核非常著名，国内很多企业家去参观谷歌之后，都会着重提及它。

另一个品牌叫脸书（Facebook），我相信多数人对它的广告口号和价值观都一无所知，其实它也有广告口号：赋予人们分享的力量，使世界更加开放和互联（Giving people the power to share and make the world more open and connected）。这句广告口号也体现了公司的价值观，但它长到让人看不完。

当然，脸书的问题并不仅仅在于品牌翻译。但我的意思是，如果公司已经有了很好的价值观，翻译时就要涵盖整套品牌系统，除了品牌名字，还需考虑品牌精神内核、品牌故事、品牌视觉标志设计理念以及品牌愿景等。

举个例子。

如果你要创办一家电子消费品公司，你希望给市场和消费者传递这样的品牌形象：这家公司注重产品设计，拥有出色的审美，具备一定的先锋性，致力于引领行业潮流方向……

怎么把这种形象准确翻译成一个名字呢？

显然，没有任何一个词能概括你以上所有的希冀，于是你学乔布斯，看见同事办公桌上有根香蕉，便大手一挥：不想了，品牌名字就叫"Banana"，视觉标志也设计成一根香蕉。

你认为市场会认可你所翻译的这根"香蕉"吗？消费者能够解读出这根香蕉背后的意指吗？

不能。

但你可以把品牌精神内核翻译成一个故事，将它作为信息转译器，消费者通过故事，可以解读出你所期望传递的信息。

你可以大致这样写品牌故事：

1967 年的 3 月，一支不太知名的乐队发行了一张听起来有点古怪的专辑。这张专辑发行之后没有引起太大波澜，且销量惨淡，作曲家、电子乐大师布莱恩·伊诺（Brian Eno）称："这张专辑在头 5 年只卖出了 30 000 张。"

随着时间的推移，这张专辑的影响力逐渐显现，著名音乐杂志《滚石》称之为"有史以来最具预言性的摇滚专辑"，2020 年将其列为"史上最伟大 500 张专辑"第 23 位，在其他任何一个"最伟大摇滚唱片"榜单上，你都可以找到它的名字。

布莱恩·伊诺那句话，其实还有后半段："这张专辑在头 5 年只卖出了 30 000 张，但这 30 000 张专辑的每一个购买者，后来都创建了一支乐队。"

那张专辑影响了一大群世界顶尖的音乐创作人：布莱恩·伊诺、大卫·鲍伊（David Bowie）、帕蒂·史密斯（Patti Smith），而这群人的音乐又启发了世界各国新一代的音乐人。

那支乐队叫地下丝绒（The Velvet Underground），那张专辑叫 *The Velvet Underground & Nico*，专辑封面上，印着一根明亮的大香蕉——那是波普艺术大师安迪·沃霍尔（Andy Warhol）的手笔，这根大香蕉后来成了全球最广为人知的流行符号之一。

安迪·沃霍尔是 20 世纪艺术界最有名的人物之一，波普艺术的倡导者和领袖，早在 20 世纪 70 年代，沃霍尔就提出预言："未来，每个人都能当上 15 分钟的名人。"那时手机都还没诞生。

香蕉的设计理念，与 *The Velvet Underground & Nico* 的创作理念一样，不为世俗左右，同时作品又不孤芳自赏，能够经得起时间的检验。标志的灵感源自安迪·沃霍尔设计的那根香蕉，我们希望香蕉也能启发更多有才华的创作者，未来能够走进千家万户，陪伴一代又一代的用户……

有了这个品牌故事的加持，香蕉不再是一个普通的水果名字，而是一个具有强烈创新精神的意象；视觉标志也不再是一根普通的香蕉，而是一幅艺术作品，一种预言，一个具有先锋性的符号。

有故事的香蕉和没故事的香蕉，代表的是两个完全不同的世界。

第二种：可以进行加工的相对翻译

可以进行加工的相对翻译通常适用于具有比较不错含义的品牌名字，在将其翻译成中文时需要仔细斟酌一下词语，例如：如果直译过来的中文不够优美，那就用一个不更改原意，但意境更美的词语代替；如果直译过来的中文过于直白或口语化，就换一种能表达同样意思，但更委婉或更书面的说法。

著名汽车品牌大众（Volkswagen），直译过来是"咱老百姓自己的车"，它可以翻译成"百姓汽车""人民汽车""民众汽车"，这些名字都是一样的意思，但作为一个品牌名，它们都不如"大众汽车"合适。

"百姓汽车"很乡俗，听上去就是个低端品牌，主打性价比。"人民汽车""民众汽车"这些具有明显倾向性的特定词语，在中国不可能作为品牌名称。而"大众"是个中性词，可上可下，可进可退，既保留了 Volkswagen 原本的含义，又不指向具体阶层，给消费者留下了更自由的想象空间，这种翻译既巧妙，又准确。

汇丰银行在创立之初，曾仿照英国早年合股银行的先例，以主要业务活动的地区来命名，因此它的英文全称叫"Hong Kong and Shanghai Banking Corporation"，直译过来是"香港和上海联合银行"。

这个翻译过于直白了，也太长了，没法在现实中应用，而中国人又特别讲究名字的寓意，如何把这一长串英文翻译成一个简短、好记又有美好寓意的中文名字呢？他们选择放弃英文，以当前主业与未来期待为出发点，寻找合适的汉语组合。

当时汇丰银行以国际汇兑业务为主，"汇"字让人联想到汇款，又有累积、汇聚的含义，"丰"字意味着丰收、昌盛，让人联想到业务种类繁多，"汇丰"两个字放在一起，寓意"汇款丰裕"，完全符合中国人想要讨个好彩头的说法。

总结一下

用意译的方式翻译品牌中文名，要注意三点：（1）原名本来有很好的寓意，直接翻译成中文，不用加工；（2）原名没什么寓意，直译成中文又太普通，需要赋予它故事和意义；（3）原名太直白或翻译成中文不够优美，需要斟酌中文用词，或者放弃英文，直接从中文寓意角度取名。

互动

法国彩妆品牌 Make up for ever，现在的中文译名叫"玫珂菲"，你知道它之前的中文名叫什么吗？你更喜欢哪个版本的翻译？为什么？

5.3　意音兼译

这种翻译方式下的中文译名最符合中国人的理解偏好，不仅与原品牌名字读音相似，容易让人记住，而且本身又具有与品牌调性相符的独立含义，能够让人产生积极联想，对品牌势能产生潜移默化的影响。

但这种翻译很考验文案创作者的功力，因为和英文发音相似的中文词语往往不止一个，不仅要排除那些可能引发歧义或负面联想的词语，还要考虑同一个词在不同语境中代表的不同含义。

比如汽车品牌 Mercedes-Benz，如果单纯按照音译，与它最相近的发音可能是"没塞的死－笨死"，这不仅听起来很晦气，还可能让人联想到堵在路上被气死或司机不懂操作笨死的尴尬场景，这种中文哪怕和原文发音再像，也不适合作为品牌名使用。

Benz 在翻译成人名时叫"本茨"，虽然这个名字是可以作为品牌名字的（毕竟还有个汽车品牌叫本田），可是"本茨"在气势上感觉始终差了一点，不像是高端品牌。

在中国香港拍摄的电影《黑金》中，梁家辉有段台词，粤语原版翻译是"我们个个都坐平治、劳斯莱斯，你坐马自达，怪不得你塞车"。

"平治"是 Benz 在中国香港的译名，这个名字来自《大学》中的"修身、齐家、治国、平天下"。在粤语发音里，"Benz"和"平治"很相像。Benz 的定位是高端豪华品牌，买得起它的人，非富即贵，他们的人生已不满足于"修身、齐家"，而有着更宏伟的愿景，可以说，这个名字音意双全，是个很优秀的翻译。

在中国台湾，Benz 被翻译成"宾士"，这也是一种意音结合的翻译方式。跟香港版翻译那种外露的霸气相反，台湾版翻译听起来如绅士般优雅。

但是，无论是"平治"还是"宾士"，都是从车主的身份地位角度考虑的，缺乏与汽车本身的关联性。作为"汽车的发明者"，Benz 需要一个能让人一听就能联想到其品牌身份的译名。中国内地（大陆）将 Benz 翻译成"奔驰"，堪称意音兼译的典范。

首先，奔驰在普通话发音中与 Benz 非常相近；其次，"奔驰"两个字与汽车有极强的关联性，每个人都能从这个动词组合中，感受到汽车的动感与速度；最后，"奔驰"还寓意车主的事业版图——一路狂奔，驰骋无疆。

同理，还有宝马（BMW）。

BMW 的德语全称是"Bayerische Motoren Werke AG"，直译过来是"巴伐利亚发动机制造厂"。20 世纪 60 年代，宝马汽车在英国市场盛行，人们习惯用"beemer"或"bimmer"来称呼宝马汽车，而 bimmer 的发音，听起来有点像"宝马"。

宝马准备进入中国内地（大陆）市场时，代理公司将"bimmer"与"巴伐利亚"结合，给公司取名为"宝马利亚"。后来，又砍掉了"利亚"，只留下"宝马"，宝马后来在中国内地（大陆）市场取得巨大成功，这个名字功不可没。

所谓"行天莫如龙，行地莫如马。马者，甲兵之本，国之大用"，说起宝马，中国人很自然会联想到"汗血宝马"，它是良驹中的佼佼者，也是大侠和英雄的坐骑；如今的宝马，被其拥趸看作性能强悍的赛道王者，以及成功人士的豪华座驾。

试想一下，如果宝马还叫最初的译名"宝马利亚"，它和奔驰这个品牌就很难相提并论，也很难出现"开宝马利亚，坐奔驰"这种传播句式，BBA（奔驰、宝马、奥迪）的说法或许将会换个顺序，甚至换个字母。

相比之下，"奥迪"（Audi）这个名字虽然只是音译，既看不出跟车主身份的关联性，也没有和汽车相关的联想，但它的诞生时间比宝马更早，性能也曾一度超过奔驰，然而在消费者的认知里，奥迪似乎总是排在奔驰和宝马之后。这不禁让人思考，是不是品牌译名拖了后腿。

　　在品牌名的翻译中，有个细节问题：用意音兼译的方法翻译品牌名字时，如果没有找到同时契合意和音的译名（这种情况很常见），翻译时应该侧重"意"还是"音"？

　　我认为应该侧重"意"，而且是翻译成中文的意义，不是原名直接传达的意义。

　　以著名越野车品牌 Land Rover 为例，如果按照音译的方式，翻译成"兰德罗浮"，听起来跟丰田的"兰德酷路泽"像是一个类型的越野车，但两个品牌的调性存在很大差异，因此名字当然不能太过相似。

　　在中国香港，Land Rover 被译为"越野路华"，在中国台湾被译为"荒原路华"，这两种翻译都满足了意音结合的标准。Land 代表陆地，它可以意指荒原和越野，这是意译；Rover 翻译成路华，这是音译。

　　如果中国内地（大陆）也用这种名字，可能就会损害品牌形象，尤其是在这个"万物皆可玩梗"的时代，"荒原路华"保不齐就会被消费者解读成"荒原路滑""野外路滑"之类，让人觉得开这车去越野，容易在路上打滑。

　　大众消费品牌和粉丝打成一片没问题，但高端品牌需要营造出一种神圣意象，可以偶尔与民同乐搞个联名活动，但如果天天"下凡"，就会损害品牌形象，再想上去就难了——谁会愿意花大几十万元甚至上百万元，买一辆被笑称为"路滑"的车呢？

　　港台地区对 Land Rover 的译名，虽然意思都到了，但还差点意象。

　　Rover 一词，源自北欧勇敢善战的海盗民族，Land Rover 的原意是"陆地上的海盗"或者"陆地上的战斗民族"，Rover 是品牌的精神内核，象征乘风破浪、无所畏惧、征服世界。中国内地（大陆）的翻译则把 Land 抛到一边，主攻 Rover，并找到了一个贴合这种精神的意象——老虎。

"虎"是丛林之王，代表刚猛、强势、威严，与 Land Rover 的品牌调性几乎一致。"路虎"这个名字，让人一听便联想到一头在丛林中穿梭的猛兽，比"路华"等译名都更具冲击力。

总结一下

意音兼译的翻译方式，分三个层级：（1）最浅层，中文名的读音与原文相似，且有积极美好的寓意；（2）中间层，中文名的含义不仅要符合品牌的调性，还要与消费者对品牌的认知相契合；（3）最深层，中文名在现实中有大家耳熟能详的意象，能够在无须解释的情况下，让人产生强烈的联想，从而借势这一意象，增强品牌的影响力。另外，如果意和音不能同时兼顾，应优先考虑"意"。

互动

你知道"Audi"这个单词的原意是什么吗？为什么奥迪的标志会设计成四个相互交叉的圆圈，它们分别代表什么含义呢？

5.4　另辟蹊径

有些品牌名字的翻译会完全抛开原名的读音和含义，转而从中文角度去挖掘一个能够准确体现品牌精神内核的名字，这种翻译手法在文学和电影行业中尤其明显。

电影作为一种特殊的商品，制作成本高、销售周期短。一部电影就是一个独立品牌，上映之前，要想被观众记住，只能通过三个核心要素：片名、主演和故事简介。其中，片名是对故事简介的提炼，好的片名往往包含了电影的基调和类型。

然而，要让一个全新的品牌在短短几周内被人记住、热议并促使观众愿意为它花钱，确实是极其困难的。如果你是个资深影迷，会关注电影细节，那你一定会发现，很多电影的英文原名和中文译名是完全不相关的。

早些年，除了好莱坞超级巨星，国内观众对国外演员并不熟悉，租录像带时全靠碟片封面和片名来做出选择，这迫使发行商们在翻译片名时必须另辟蹊径。

以电影 *Léon: The Professional* 的原名为例，如果将其直译成《莱昂》，观众可能完全看不出它是什么类型的故事，又有几个人会去看呢？中国台湾将其翻译成《终极追杀令》《杀手莱昂》后，虽然有了类型片的感觉，但那个时代这种电影一抓一大把，很容易被忽略。

而中国大陆将其翻译成《这个杀手不太冷》，真的让人拍案叫绝。"杀手"两个字点明了类型片元素，而在观众的固有印象中，杀手都是很冷酷的，但

"不太冷"三个字又让电影有了反类型元素，能够极大激发观众的好奇心。等你看完影片，深刻感受到其内核，会由衷地认同这个片名：这个杀手确实不太冷。

类似的例子还有 *Thelma & Louise*，跟 *Léon* 一样，这部电影原名中的两个单词也是电影主角的名字，这种片名的 bug[1] 在于：在没看电影之前，谁知道她们是干什么的呢？又有谁会认同她们、喜欢她们呢？

幸运的是，它的中文片名叫《末路狂花》。

电影 *Inception* 的原名本意是"起初、开端"，适当改写后可以译为《植入》，像是一部小成本的概念电影，但这种译名不仅无法准确体现出故事的精髓，也很难吸引观众走进电影院。这部电影在中国能成为一部现象级的电影，《盗梦空间》这个中文译名绝对是功臣之一。

"盗"说明了这是个偷盗故事，"梦"揭示了偷的东西和梦境有关，紧随其后的"空间"一词则预示着现实和梦境的交织，《盗梦空间》这四个字的组合，不仅没浪费一个字，而且包含了三重含义。

还有一些电影，尽管英文原名有确切的含义，但翻译成中文却显得过于含蓄，不利于影片的传播。电影毕竟是一种商品，尽量不要跟观众打哑谜。例如，电影 *Gone with the Wind* 的原名如果翻译成《随风消逝》，虽显文艺，却缺乏吸引力；而《乱世佳人》这个译名就很好，既有故事发生的战乱背景，又突出了爱情元素。

在品牌名字的翻译中，不仅英文译中文要译得巧妙，译出精髓，中文译成英文也应该如此。

---

[1]　bug 通常指的是软件或系统中的错误或缺陷，在网络文化中，人们可能会用它来幽默地指述一些小问题或不便。——编者注

《水浒传》的英文名是 *Heros of the Marshes* ——沼泽地的英雄们;《三国演义》的英文名是 *Romance of the Three Kingdoms* ——三个国家的浪漫史;《东邪西毒》的英文名是 *Ashes of Time* ——时间的灰烬;《甜蜜蜜》的英文名是 *Comrades, Almost A Love Story* ——几乎是一个爱情故事;《地久天长》的英文名是 *So Long, My Son*:已经很久了,儿子(这个译名比中文原名更让人心碎)。

之所以举这么多电影的翻译案例,是因为我们生活在一个全球化时代,以前我们主要是把国外品牌介绍进来,现在我们要致力于把优秀的国产品牌推荐出去。

品牌和电影太像了,品牌出售的是商品,但又不能只是商品,它必须代表某种理念、精神、价值观,给人鼓励,帮助消费者实现自我价值,只有这样,品牌才有附加值,甚至推出的副线产品也会被消费者抢购,如果缺乏这些,品牌就只是个名字,无法实现产品的溢价。

音译、意译、意音兼译这几种方法,在翻译时至少有迹可循,另辟蹊径时该从何入手呢?

我总结了三种方法给你参考。

方法一:摸透品牌背景

翻译品牌名字的过程,就是摸清楚品牌的相关信息,再用简洁明了的方式将这些信息传递给消费者。在这个过程中,我们需要摸清楚什么背景信息呢?

我在前面说过,很多奢侈品牌或小众品牌的中文名都是音译,只是这些品牌在选用汉字时会斟酌一下,以确保所选的名字符合品牌的调性。比如法国干邑品牌 Hennessy，音译时选了"轩"和"诗"这些比较优雅的字眼。虽然"轩尼诗"是个烈酒品牌，但这个名字却流露出一种绅士般的优雅，如果译成"亨尼斯"之类，那么这种独特的调性就没了。

另一个法国品牌 Remy Martin，用的也是创始人家族的名字，音译过来应该叫"雷米·马丁"，虽然可行，但这样的名字缺乏品牌个性，需要大量的广告去强化其品牌形象。

但 Remy Martin 没这么干，他们另辟蹊径，给品牌取了个八竿子打不着的名字：人头马。

为什么叫这个名字呢？

第一，"人头马"这种似人非人、似马非马的存在，很像西方某个神话传说中的物种，本身就自带一种异域风情，而且这三个字朗朗上口，很容易被记住。

第二，"人头马"并非跟品牌毫无关联。

人头马还有一个更为人熟知的名字——半人马，这是希腊神话中一个上半身是人下半身是马的神秘族群，以它命名的星座叫人马座，图形是一个人头马身、手拿弓箭的射手，在日常生活里，我们更习惯把这个星座称为射手座。

1870 年，"人头马"第三代掌门人为了进军国际市场，决定给品牌设计一个容易识别且容易记住的视觉标志，他选用了人马座作为图案，因为他本人既是射手座，又是一位天文学家。

射手、半人马、人头马身、人头马，尽管该品牌中文名的渊源有点曲折，但并非凭空捏造，还是有内在缘由的，这个缘由你可以不对外传播，但不能没有。

翻译品牌名字时，要弄清创始人或经营者的文化背景，充分理解他们的理念与追求。作为品牌发展的驾驭者，他们的气质往往与品牌气质是相统一的。

方法二：拿捏品牌气质

前面提到很多次，翻译品牌名字时要注意与品牌调性相吻合，那么什么是品牌调性呢？

简而言之，品牌调性就是消费者对品牌的"刻板印象"。

比如一提到"土豪"，我们便会想到一个穿金戴银、开着豪车、从事传统行业、没什么文化的有钱人；而说到"新贵"，又会联想到一个拥有时尚品位、开着豪车、从事新兴行业、具有较高学历的有钱人。那有没有不从事传统行业，或者爱看书的土豪呢？有没有不从事新兴行业，或者学历不高的新贵呢？肯定都有，但这样的比例很少。

品牌也是如此，它可能有很多优点，但宣传费太贵了，不可能一股脑地将其优点都呈现给消费者，只能抓住最重要的特点，塑造一个清晰的形象，再通过大量广告，不断深化这个形象，久而久之，这个形象就成了消费者对品牌的"刻板印象"。一提到这个品牌，大家脑海中就会自然而然地浮现出与之相关的关键词或场景、画面。

对品牌来说，"刻板印象"是一柄双刃剑，它的好处是利于传播，一旦品牌知名度提高，即使不依赖创意广告，消费者一看名字也会自动联想到跟品牌相关的一切；坏处是刻板印象一旦形成，品牌想要转型就会变得异常困难。原来建立这个印象花了多少钱，现在可能需要几倍的费用去改变并塑造新印象——还不一定能成功。

品牌名字的调性，决定了我们对品牌的第一印象。

假如公司来个新同事，自我介绍说"大家好，我是新来的文案创作者，我叫贾斯廷（Justin）"，现在他换一种自我介绍"大家好，我是新来的文案创作者，我叫二狗子"，尽管他的长相、身材和能力等所有条件都不变，这两个名字在你心里留下的印象也是截然不同的。

在某种程度上，名字塑造了我们对一个人的初步印象，而这个人又因为这个名字会表现出与之相符的行为。你可以试着长期称呼一个同事或朋友的英文名字，然后再给他取个接地气的昵称，又称呼他的昵称一段时间，你会发现在不同的名字背后，他的行为和反应是不一样的。

为什么恋人在一起时间久了，会显得有点幼稚呢？

因为当两个人熟悉了之后就会有昵称，而且这些昵称往往跟小动物或小物件有关。你天天用昵称称呼对方，对方也会以小动物或小物件的方式回应你，甚至他自己都没意识到这一点。在旁观者看来，打情骂俏的恋人之间的互动看起来很幼稚，然而一旦恋人离开了这个环境，离开你，回到公司，被同事以正式的名字称呼，他就恢复了常态。这正是因为名字就是你的社会形象。

施华蔻，全球三大美发化妆品品牌之一，德语叫"Schwarzkopf"，如果音译，应该叫"施瓦茨科普夫"，然而这样的名字太长了，既没有品牌调性，也看不出品牌行业属性。

如果意译，Schwarzkopf 中的 Schwarz 表示"黑色"，kopf 表示"头"，合在一起是"黑头"，这个名字显然不适合当作品牌名字，至少在中文语境里肯定不行。

因此它只能另辟蹊径，把"黑头"抛一边，取音译的前两个音，再从品牌联想角度，加了个"蔻"字，变成"施华蔻"："施"，旗貌，柔顺摇曳之貌；"华"，事物中最重要、最好的部分；"蔻"，草本植物，也代指豆蔻年华的少女。

这三个字组合在一起，给人的联想是：这个品牌的产品原料凝聚精华，使用后发质柔顺，让人永葆少女般的年轻态——这不就是施华蔻想传递的品牌调性吗？特别是"蔻"字的使用，作为点睛之笔，为品牌名增添了无限韵味和想象空间，如果改成"施瓦科"或"施华科"，不仅调性不对，而且韵味全无。

方法三：制造消费者期许

如果实在找不到合适的词汇来描述你的产品，那就不妨从消费者的角度出发，探寻他们的期待、梦想，或者寻找那些能够让他们联想到自己的积极词汇。

以 Safeguard 为例，其本意是"安全卫士"，听起来像一款电脑杀毒软件，但它的中文译名叫"舒肤佳"，就是制造了消费者对这款产品的期许：使用这款香皂，皮肤应该会感到很舒服。

在 1963 年意大利都灵汽车展上，玛莎拉蒂推出了一款新车型，在外观设计上，集端庄、性感、优雅于一身；在内在配置上，将跑车的性能与豪华轿车的舒适性结合在一起。这款车型内外兼修，堪称当时豪华轿车中的翘楚。

然而美中不足的是它的名字：Quattroporte。

在意大利语中，"Quattro"的意思是"四"，"porte"的意思是"门"，"Quattroporte"直译过来就是"四扇门的大汽车"。这个名字着实让人挑不出错，因为它确实有四扇门，体积也挺庞大，但要想在中国市场售价一百多万元，光凭"四扇门的大汽车"这个名字难以让人买单。

我猜想，翻译团队一开始应该是想了一堆名字，但都没有找到满意的，最后决定回归原点：这是一款豪华行政轿车，坐这款车的人的身份是什么呢？他在其他人眼里会是什么形象呢？或者说他们期待自己在其他人眼中是什么形象呢？

于是就有了这个汽车界很少见的名字——玛莎拉蒂·总裁。

总结一下

另辟蹊径的翻译方式，意味着需要抛开品牌原名的读音和含义，根据品牌精神内核，从中文角度挖掘出一个能代表某种理念、精神、价值观，或者给人鼓励、让人产生优越感的名字，这种翻译方式有三个切入角度：（1）摸透品牌背景，想消费者之所想，投其所好；（2）拿捏品牌气质，想消费者之所想，塑造"刻板印象"；（3）制造消费者期许，想消费者之所想，帮他们实现自我价值的认同。

互动

太古里，一个开放多元化、汇集大量奢侈品和潮牌的时尚青年打卡地，它的母公司太古集团，原名 Swire Group，为什么 Swire 会翻译成"太古"？它和 TaiKoo 有什么关系？如果你不查资料就能给出答案，那我觉得你 TaiKoo（太酷）啦。

5.5　民间说法

鲁迅先生说："其实地上本没有路，走的人多了，也便成了路。"

有的路是人为修出来的，有的路则是被千千万万双脚走出来的，名字也一样，有的名字是取出来的，有的名字则是消费者口口相传叫出来的。即使你有官方名字，如果消费者不感兴趣，更喜欢叫你的昵称，聪明的品牌方也会顺从民心。

以美国银行花旗银行（Citibank）为例，当年它在上海外滩附近开设分行时，不知道出于什么原因，并没有取中文名，上海人觉得"Citibank"读起来太别扭，又看到银行门口插着很多美国国旗，好像一块块蓝红相间的碎花布，于是他们就把"Citibank"亲切地叫成"花旗银行"。Citibank 无意中获得了一个广受欢迎的中文名字，一分钱没花。

再如美国东海岸的百老汇，它以剧院文化著称，和西海岸的好莱坞构成了美国乃至全球最著名、最具商业价值的文化艺术中心，同时又和伦敦西区并称为世界两大音乐剧中心。

百老汇的英文名字是"Broadway"，"Broad"意思是"宽阔的"，"way"意思是"道路"，"Broadway"直译过来就是"宽阔的路"。

在美国，东西走向的马路通常称为"Street"，也就是"街道"，南北走向的则称为"Avenue"，指的是"大道"，而"Broadway"既不是东西走向，也不算南北走向，是一条斜街，只能称之为"way"，只不过在当时来看比较宽，所以就叫"Broadway"。

20世纪二三十年代的上海，是当时中国最繁华的城市，很多国外企业在上海设立分公司。当时在这些洋行工作的上海人，大部分都没接受过正规的英文教育，为了能和老外顺利交流，他们发明了一种独特的注音方式：用上海话的音色和音调，对英语单词进行注音，用这种方法读出来的英语叫"洋泾浜"英语，他们给"Broadway"标注的中文译名就是"百老汇"。

没错，"百老汇"是"Broadway"的上海话音译，并不是某个机构的正规翻译，由于当时上海的影视和戏剧文化也很繁荣，"百老汇"这个译名被广泛使用，很多官方媒体提及美国"Broadway"时，也采用了百老汇这个译名，并且这个译名一直沿用至今。

总结一下

没什么可总结的方法，由民间说法固定沿用下来的翻译，可遇不可求，不过这种形式可以反向操作，当品牌想制造一些新话题的时候，就给自己"取外号"，人为制造一种接地气的"民间说法"，比如麦当劳的"金拱门"，但这种方法有风险，操作需谨慎。

互动

你还知道哪个品牌、机构或物件的译名是由民间说法沿用下来的？

5.6　创业品牌如何取名

近些年，进入中国的国外新品牌不是很多，反倒是国内创业品牌如雨后春笋般涌现。每个新品牌都需要一个好听且好记的名字，这一节，我们聊聊怎么给创业品牌取名，即如何把公司的产品、服务或理念转化成消费者乐于接受的名字。

我先分享个小故事。

前段时间，我在小红书上评论了一条帖子，发帖者是个女孩，准备开一家电影公司，想扶持一批新导演，她为公司的发展方向归纳了三个关键词——新导演、年轻、女性主义，但一直没有想到合适的公司名字，因此上网求助。

当时这条帖子已经有几十条评论，其中一条评论的点赞数已经破百，此时评论，名字很可能被淹没其中，但我觉得这个帖子很有意思，还是花了几分钟想了个名字：

> 由新导演、年轻、女性主义，联想到 New、Young、Girl，公司名字就叫"扭秧歌"。

我评论完觉得还可以换个风格再想一个名字，于是又评论了一条：

> 波伏娃娃，波伏娃是女性主义代表人物，娃娃代表年轻和新生。

一方面，我是抱着好玩的心态随手评论的，另一方面，我也在用这两个名字做实验。毕竟在广告公司里写文案时，我很少有机会直接参与品牌取名的工作，因此我经常在生活中找机会，验证我对品牌或公司取名的方法是否有效。

我对这两个名字的最终结果预期是这样的："扭秧歌"会比"波伏娃娃"更受欢迎，且前者的点赞量能跻身评论区前三。

结果一半如我预期："扭秧歌"确实比"波伏娃娃"更受欢迎；而另一半则出乎意料："扭秧歌"在随后几天一路过关斩将，爬到了点赞量首位，最终一共获得了 800 多个赞（相比之下，"波伏娃娃"只获得了 80 多个赞）。

还有热心网友给我提建议：你可以考虑提供一项收费服务，专门为人们提供取名建议。

现在很多公司和品牌取名时都喜欢剑走偏锋。剑走偏锋，代表了一种特立独行的态度，是新锐力量才会走的道路。一个公司或品牌有没有创新基因，往往从其名字上就能看出来了。

网上充斥着很多给品牌取名字的方法论，如嫁接法、组合法、叠字法、暗示法、拿来主义法等。然而，方法太多反而容易使人迷失方向，也就等于没有具体的方法，在实际工作中，我从没见过谁用这些方法去想名字，人们都是先想好名字，在跟别人解释的时候，才可能提到它符合某种标准。

我个人的创作习惯是：别管什么方法，先天马行空地想象，找几个让自己比较有感觉的，甚至让你一想到就兴奋的名字，然后看看它们是否符合以下三个标准。

标准一：很好记，朗朗上口

给创业品牌取名字不能自娱自乐，一定要考虑普通人的记忆习惯，新品牌层出不穷，消费者没有义务去记住一个生僻、拗口的名字，哪怕它寓意再好。

几年前我因为帮朋友的忙，接触过一个专做小碗菜的快餐品牌，叫"食色细蒸"，到店实地调查后，我们发现了两个问题：一是品牌名字不好记，二是点餐动线设计不利于客户进店。

其实"食色细蒸"这个名字的寓意还不错：花时间仔细蒸出来的菜，色香味俱全。从视觉上看，这几个字也有一定的美感。但名字不是用来观赏的，而是用来叫的，四个字的节奏感天然逊色于三个字，再加上"食色细蒸"在发音上的平翘舌音轮番转换，对南方人来说有些不便，偏偏它的店又开在长沙。

我曾想建议她们改个名字，比如"蒸小鲜"或"蒸入味"之类，但由于老板忙于其他事务，没时间和我们细聊，后来也没和我们继续合作。几个月后，我从朋友那里听到了那家店已经关门的消息。

闭店的具体原因不清楚，但这个名字和点餐动线设计肯定是其中因素，即使它能够继续运营下去，这个名字也是其扩张路上的绊脚石。

标准二：有联想，没有歧义

给创业品牌取名字能激发消费者的联想意味着这个名字借用了人们熟悉事物的势，可以大大降低消费者的理解和记忆成本，从而提高传播效果。然而这个联想不能有歧义，不能让人误读与误解。

品牌名字会出现在各种宣传物料、新闻报道里，会被人们口口相传，哪怕有一丝一毫的歧义或负面联想，在日复一日的曝光中，都可能累积成一股巨大的负面能量，一旦爆发危机，将对品牌产生不可估量的伤害。

在摩托车领域，力帆是一家非常出色的企业，其品牌名字"力帆"寓意着"向往自由，一帆风顺，积极进取"，公司确实如名字期许的那样，一路高歌猛进，成了"摩托之王"。

然而，当力帆转战汽车行业后，这个幸运就消失了。

对于大多数老百姓而言，"力帆"这个名字读起来会让人联想到"立翻"，别人问你开什么车，你说开力帆，在潜意识中就可能与"一开车就立刻翻车"联系在一起。尽管开什么车都有发生事故的概率，但因为你开的车的名字就叫"力帆"，一旦真的发生翻车事故，该品牌就会更容易上热搜，被网友玩出各种"梗"来。

因此，力帆汽车的销量并不好，再加上一些其他原因，公司几乎破产，创始人被迫让出控制权，而吉利汽车作为新的投资者入股（看人家多会取名——买个吉利开回家），导入其他车型，这才让力帆汽车得以起死回生。

标准三：实用性，品类关联

创业公司往往没有太多营销费用，又想快速发展壮大，在选择品牌名字时，虽然可以有务虚的字眼，但不能丢掉名字的实用性，要让人从名字里就能看出你的核心业务或产品是什么。

巴宝莉的风衣、爱马仕的丝巾、菲拉格慕的鞋子、路易威登的箱包、香奈儿的 5 号香水、CK 的内裤、波司登的羽绒服……

每个高端品牌都有自己的标志性产品。

既然内衣、外套、鞋子、丝巾都可以成为品牌的代名词，那么 T 恤这个需求量最大的服装品类为什么不可以呢？

T 恤其实是最容易标准化的品类，换句话说，T 恤通常被认为是最没有个性、最没有生产难度的产品。很多服装公司都会生产 T 恤，也都会卖 T 恤，但很少会有一家公司拿它当主打产品。于是，拇指衣橱的创始人张勇先生决定专攻这个单品，致力于为 30 至 50 岁的男性提供高质量的 T 恤。

这样的品牌应该叫什么名字呢？

张勇邀请了很多人一起出谋划策，并制定了三条标准：首先，名字最好能体现出"品类即品牌"的特点；其次，名字要容易记，容易传播，容易关联消费者的认知，容易联想记忆；最后，这个名字要能够成功注册商标。

最后，张勇在 132 个名字中选择了"白小 T"。人们一看这个名字就知道这是个主打 T 恤的品牌，这个名字既有关联认知，又有联想记忆，听过这个名字的人，很难记不住它：白色让人联想到简约，没有各种花里胡哨的设计，卖的是基本款。极度的产品和用户聚焦，带来了成本优势，同时也形成了营销优势。

张勇说："取名是一门学问，是非常重要的经营事项，很多人对品牌名字不重视，太多的名字非常拗口，完全没有记忆点，这让他们吃了很大的亏。'白小 T'这个名字大概为我们省下了一半的广告经费，因为买过的人，他们很容易脱口而出'白小 T'。"

事实确实如此："白小 T"自 2019 年成立以来，营收连年飙升，并在多个网络销售平台的 T 恤或男装品类中位于前列。从一个初创品牌成长为新消费品牌的翘楚，"白小 T"只用了 3 年时间。

总结一下

一个好的品牌名字，对于品牌的发展具有事半功倍的效果，在给品牌取名时，可以参考以下三条标准：（1）很好记，朗朗上口；（2）有联想，没有歧义；（3）实用性，品类关联。如果同时满足以上三条标准，且推广策略得当，品牌起势将会很明显。

互动

T恤和卫衣，是近些年还在增长的两个服装品类，如果现在有个服装企业想打造一个专攻卫衣的品牌，应该叫什么名字呢？我现编了一句顺口溜："冬穿羽绒夏穿T，春秋两季穿卫衣"，品牌名字就叫"春秋卫"，设计风格可以走中国风路线。这是我拍脑门抛出的一块砖，如果你有其他好玩的创意名字，可以和我交流。

第 6 章　翻译品牌口号

"好男人就是我，我就是曾小贤。"

这是情景剧《爱情公寓》主角之一曾小贤的口头禅，不管其他角色眼中的曾小贤到底是不是好男人，总之他就是这么标榜自己的。

这句话就是"曾小贤"这个品牌的广告口号。

品牌要想给消费者留下深刻印象，仅有一个好名字是不够的，还得有一句话介绍自己：我能为你提供什么好处，我是什么样的性格，我倡导的是什么样的价值观……

又或者品牌要做一个营销广告活动，那你做这个广告活动的初衷是什么？目的是什么？你希望达到什么效果？品牌要把这些信息转化为一个凝练的主题，吸引消费者参与。

客户提供的信息可能是零碎的、散乱的，文案创作者需要对这些信息进行加工整理，再通过文案思维转换器将其翻译成凝练的品牌广告口号，它可以是一个利益点、一种感觉、一种精神，一句行动口号或一种价值观。

翻译广告口号有个重要的忌讳——贪多。

很多品牌考虑广告口号时，总是"既要……又要……"，恨不得把全部卖点都一次性展示给消费者，这样可能导致这句话又长又缺乏吸引力，哪怕天天在消费者耳边晃来晃去，消费者也记不住你的品牌，甚至还可能引起消费者的反感。

海飞丝的那句脍炙人口的广告口号"去屑护头皮，当然海飞丝"如果改成"去屑止痒护头皮，保养发根乌黑发亮，当然海飞丝"，你看着都想笑吧？

聚焦，是所有广告的首要命题。

比如，你有个年轻的朋友，人很聪明，有运动天赋，长相赛明星，家庭背景优越，有远大理想……现在你要把他推荐给别人认识，但只能说他的一个优点，你会说哪个？

肯定是"长得帅"啊。

因为运动天赋、聪明、有理想这些优势，只有与他接触后才能感受到，家庭背景更是一个辅助优势，就像说一个品牌的幕后团队实力雄厚，听起来好像是个优势，但其实跟消费者没啥关系，而且并不代表这个品牌一定会成功，或者一定能成为一个好品牌。但"颜值"这个点不一样，你只需要拿出他的照片，不用任何解释，别人就能立刻认同。

为什么我们夸一个特别优秀的人时，会说"始于颜值，陷于才华，忠于人品"呢，因为这是人们接受一个人或一个事物的惯性顺序：从接触到了解，再到喜欢，由浅入深，由表及里。

文案翻译，要顺应人性，而不是挑战人性。

不管是推荐一个人，还是一个品牌，最好要选那些不需要解释、别人一眼就能看明白，或者理解之后能够产生深刻认同感的差异点，作为你的主要卖点。

野心勃勃的钻石品牌戴比尔斯（De Beers）在准备进入中国市场时，想让钻戒取代传统的金银玉石，成为中国人的婚嫁信物首选。品牌进军中国市场的第一个任务，就是将广告语"A Diamond is Forever"译成中文。

"A Diamond is Forever"这句话直译过来，是"钻石即永恒"，这句话很冷静，很中立，但作为一种定情信物，缺少了一丝情感。

我们发散一下，这句话还可以怎么翻译？

比如：一颗钻石，一生所爱。

比如：情定终身。

比如：挚爱永恒。

负责这个翻译任务的，是当时中国香港奥美的文案新人劳双恩。跟当年许多文案创作者一样，劳双恩也是个半路出家、"不务正业"的人，他当过中学老师，创办过话剧社，还给艺人写歌词，一个经历丰富和精力如此充沛的人，当然不满足于只做字面翻译工作。

他先理解透了这句英文的意境，然后从中文里找到能够表达相似意境且更符合中国人理解习惯的表达方式，并注入了情感韵味，翻译出了中国广告史上的经典广告口号之一。

　　　　钻石恒久远，一颗永留传。

戴比尔斯看到这句广告口号后意识到，它不仅能够代言一个品牌，更能代言整个钻石行业，于是立刻将它注册为商标，意图抢占"品牌即品类"的市场制高点，结果引来其他钻石品牌与之打官司，最终法院判决戴比尔斯胜诉。

在后来的几十年里，现实确实如戴比尔斯期待的那样，钻石在某种程度上取代了黄金和玉石，成为中国人婚嫁的标配，直到近两年，大家对钻石的观念才开始有了变化。

这一章，我不想过多地细聊如何把英文广告口号翻译成中文，因为大部分文案创作者或小品牌创业者很少面临这个问题，所以我把重点放在"如何讲好中国品牌故事"上，即一个新品牌面世时，如何把它的差异化优势转化成广告口号。

由于篇幅有限，因此不能面面俱到，而且我认为文案新人也没必要追求技能的数量，而应先吃透几种方法，把它们变成你解决工作问题的有力武器，然后再去求新求变，写得多了，路就宽了，就不用拘泥于套路了。

下面分享几种最常见、最管用的方法。

6.1 说出产品优势

"怕上火，喝王老吉。"

这句话可能是中国人最熟悉的广告语之一，近些年在农村亲戚家吃饭，他们都会拿出几罐王老吉凉茶放在桌上给那些不喝酒的人："喝罐王老吉吧，这个不上火。"

我从没见过还有哪个品牌有这么强大的渗透力，它不仅登上了中国普通老百姓的餐桌，还让他们记住了品牌的广告口号，让他们觉得这是一款老少皆宜的健康饮料。

王老吉并不是一诞生就这么厉害的。

2002 年，已经面世多年的王老吉，销售额很难实现大的跨越，为了突破瓶颈，公司委托杰克·特劳特（Jack Trout）（定位理论的提出者）在中国的合作公司成美咨询，对红罐王老吉进行品牌定位。

王老吉拥有很多优点：品牌创立于清朝，历史悠久；创始人王泽邦，被公认为"凉茶始祖"；味道偏甜，喝起来口感不错。

这么多的优点，如果都要塞进广告口号中，广告口号就会变成类似"凉茶始祖首创，源于清朝的降火甜味凉茶"这样的话，求全的结果，就是什么都捞不到。

广东人把凉茶当药，用它来降火，这导致凉茶的日常饮用频率并不高，成美咨询认为，王老吉的品牌定位应该是"预防上火的饮料"，而不是药。

在聚焦到这个单一的优势之后，翻译就如同探囊取物，根本不用雕琢词汇，只需模仿人们正常的说话口吻就行了："怕上火，喝王老吉。"

如果将广告口号翻译成"喝王老吉，预防上火""来瓶王老吉，吃啥都不上火""喝了王老吉，再也不上火""王老吉，能降火"之类，这些表达的语气则显得太柔和，不如"怕上火，喝王老吉"来得坚定有力，它直指消费者痛点，并给出明确的解决方案。

王老吉对这句广告口号进行大量投放，取得了很好的效果，此后其销售额便呈爆发式增长。

通过王老吉的案例，我们可以总结出一个广告口号翻译公式：广告口号 = 利益点 + 品牌名字。

有一大堆耳熟能详的品牌，都用了这个公式，比如：

> 六个核桃：经常用脑，就喝六个核桃。
>
> 红牛：渴了喝红牛，困了、累了更要喝红牛。
>
> 美团外卖：美团外卖，送啥都快。
>
> 知乎：有问题，上知乎。
>
> 农夫山泉：农夫山泉有点甜。

如果品牌想传达的利益点字数过多，或者想让广告口号更简洁一点，可以省略品牌名，直接上利益点，比如：

> OPPO 手机：充电 5 分钟，通话 2 小时。
>
> 法国合生元：宝宝少生病，妈妈少担心。
>
> 美的变频空调：一晚低至一度电。
>
> 爱彼迎（Airbnb）：睡在山海间，住进人情里。

这个翻译公式还有一个变形：把品牌名字换成产品配置，变成"产品配置＋利益点"，配置最好用数字说话，让消费者在不知不觉中感受到产品的卓越之处，比如：

> vivo 手机：2000 万柔光双摄，照亮你的美。
>
> 厨邦酱油：厨邦酱油美味鲜，晒足 180 天。
>
> 乐百氏：乐百氏纯净水，27 层净化。

"2000 万柔光"是什么水平？是不是像素越高拍照就越好看？有没有数据比这高的品牌却没有将自己的数据说出来？"晒足 180 天"是不是行业最

高标准？别人是晒 90 天还是 200 天？"27 层净化"具体意味着什么？比别的品牌高还是低？每一层都净化什么了？

以上问题，多数消费者都不知道答案，但大家会认为，既然你敢把这些数据摆出来接受大家监督，肯定是因为你比别的品牌厉害——其实这两者并没有直接关系。

举个例子。

假设你开了一家装修公司，想在建材城、家具城、商场、超市等场所投放广告，需要一句体现品牌独特优势的广告口号，以抓住精准客户，应该怎么写？

首先问问自己，你的公司和其他公司相比，有什么不一样的优势，是价格比别人便宜，服务比别人好，设计审美比别人更高，还是经验比别人更丰富？

假设你主要服务的是高端客户（利润比较高），怎么用一句话让他们主动找上门来呢？下面我将用"广告口号 ＝ 利益点 ＋ 品牌名字"这个公式及其两种变形做示范。

（1）利益点 ＋ 品牌名字：×××装修，专注别墅与豪宅。

有装修需求的别墅或豪宅业主，看到这句话一定会对该装修公司留下印象，"专注"说明你擅长做这个类型，同时又留了一丝余地，没说你不做普通住宅的装修，没有明确拒绝这类客户。

（2）变形一——去掉品牌名字，直接上利益点：别墅装修专家，定制你的梦中情墅。

先亮明身份——我是这个领域的专家；然后告诉你我能帮你打造你梦想中的生活空间。如果你觉得这句广告口号过长，可以删掉其中的前半句或后半句，这样虽然会降低一些说服力，但也能说清楚你的优势所在。

（3）变形二——利益点 + 产品配置：八大装修体系，专注别墅豪宅。

就像上面说的，"八大装修体系"到底是多还是少、含金量有多高、都包含哪些具体内容，大家都不知道，但下意识里都会觉得别人家可能只有五六项装修标准，而且还不一定成体系，这家公司不仅有八项，还是成体系的方法，肯定很专业。

如果你的优势是价格，也可以用"广告口号 = 利益点 + 品牌名字"这个公式的以下形式或其变形来写广告口号。

（1）利益点 + 品牌名字：装修想省钱，就找 ×××。

（2）直接上利益点：装修老品牌，贴心价实在。

（3）利益点 + 产品配置：厂家直供原材料，装修不花冤枉钱。

我是随机想的这些案例，并没有仔细雕琢用词，仅供大家了解思路。如果你主打的优势不是价格，而是服务、美学设计等，也可以用它们去套这三个公式，我就不一一举例了。

"广告口号 = 利益点 + 品牌名字"这个公式，是个很偷懒也很管用的招数，但它毕竟还是需要提炼产品优势，而有的企业或品牌并没有独特的优势，有没有更偷懒且不会出错的公式呢？

有的。

万金油公式

"×××，就找 / 就吃 / 就喝 / 就用 / 就上 / 就来 / 就选 YYY"这个组合，我愿称之为"万金油公式"，不管什么行业，都能直接套用。

你开装修公司，可以写：别墅装修，就找 ×××。

你开湘菜餐厅，可以写：正宗湘菜，就吃 ×××。

你开奶茶店，可以写：清淡奶茶，就喝 ×××。

你开房屋中介，可以写：买房卖房，就上 ×××。

你卖调味料，可以写：炒菜调味，就用 ×××。

你卖零食，可以写：爱吃零食，就来 ×××。

你卖户外设备，可以写：户外用品，就选 ×××。

这类广告口号并未证明品牌有什么优势，也没承诺能给消费者带来什么利益，就是告诉大家"我是干（卖）什么的"，然后加上一句没有理由的行动号召，其实有点不合适。

好在，大脑都爱盲从，消费者也没工夫去细究这些，他们会下意识认为：既然你这么说了，语气又这么坚定，肯定有点东西，我就且信你一回。

如果你的产品或服务能打动消费者，这句话就成立了。

说服别人，最好的方式是"讲道理，摆事实"，上面这种方法，是"不讲道理"，还有一种常见的偷懒方法，是"不摆事实"。

自称是老大

市面上有很多"自称是老大"的广告口号，比如全国销量第一、全国销量领先、××× 行业遥遥领先、××× 行业领导者、××× 领军品牌、××× 行业第一品牌、××× 行业开创者、加起来可绕地球 ××× 圈等。

销量第一是销了多少？遥遥领先是领先多少？领军品牌、第一品牌的界定标准是什么？消费者都不用知道，品牌方也不会展示任何数据，似乎谁嗓门大就听谁的。

这种广告口号让我想起港片里那些抢地盘的古惑仔，打架之前总爱自报家门：我是尖沙咀老大、我是新界"揸 Fit 人"[①]……相比之下，陈浩南从不会逢人就说"我是铜锣湾扛把子"，蒋天养也不会整天把"我是洪兴话事人"挂在嘴上。

想证明品牌的实力与地位，确实有很多方法，其中，自己说自己是老大是最没创意的选择，我个人是不建议用这种方法的。

一是它站在企业角度自说自话，却没明确说明品牌能给消费者带来什么；二是广告法已经明确禁止使用极限词，哪怕你再怎么遣词造句，或者有实际数据支撑，也依然存在违法的可能；三是这种广告口号就像老板买了一条爱马仕腰带，不分场合到处解开西服扣子，刻意露出那个大大的"H"一样，很"土豪"。

6.2 塑造另类权威

新品牌，不畏挑战，面对权威，迎威而上，要敢于"招惹"老大哥（老大哥可以是某个具体的大品牌，也可以是某个行业的主流做法）。

招惹，不是让你去跟人掐架，也不是故意黑对方，而是在品牌定位和理念上制造差异化，借助老大哥的影响力，提高自身的影响力。

---

① 揸 Fit 人，粤语词汇，指领头人。——编者注

借老大哥势的广告口号，通常都跟品牌战略相关，即品牌战略明确针对某大品牌（或行业主流做法，或客户群体对某类产品的主流印象），甚至直接与之"唱反调"：若大品牌的核心优势是 A，我们就主打优势 B；大品牌的发展方向是往西，我们就考虑往东、往南或往北发展。

总之，要待在老大哥旁边，不管是对面、背面还是左右两侧，只要你找到一个与之相邻的位置，就能时时刻刻沾到它的光，既能在广告口号里精准地展现品牌优势，又能击中主要竞争对手的软肋。

小鹏汽车：做更懂中国的智能汽车

稍微了解中国新能源汽车的朋友，看到这句广告口号应该都知道它所比对的，是全球新能源汽车领域的老大哥——特斯拉。

特斯拉的设计逻辑源自美国人的驾驶习惯，虽然 Model 3、Model Y 这两款车型在中国制造，但并未彻底"汉化"，在一些细节上，比如导航、车机交互体验等方面，还是根据美国习惯设计的，对中国车主来说并不"友好"，有些功能甚至在实际使用中根本用不上。

特斯拉在实现完全本土化方面遇到的挑战，无疑是它的软肋，也为新品牌提供了可乘之机。

中国新能源汽车品牌显然更了解中国车主需要什么，因此在造车逻辑上主打一个"大同小异"：整体结构相似（毕竟都是电车），但细节强太多——电池容量更大、座椅更舒服、车机更流畅、导航更人性化……

这些恰好是很多中国车主买车时更看重的地方，也是特斯拉不易改变的地方，等于拿捏住了老大哥的"七寸"，尽管它不爽，却奈何不了你。

其他领域的国外品牌也面临相似的困境，不易改变的原因，有些是出于管理层态度上的傲慢，有些是出于生产制造环节成本上的考虑。

总之，任何一个品牌的产品，都不可能做到放之四海而皆准，必然要有所取舍。如果一个品牌进入主场以外的市场，却没有进行本土化改良，就给当地新品牌留出了发展空间，大品牌"舍"的，就是新品牌该"取"的。小鹏汽车就是抓住了这个空间，把自身的优势转化成了这句话：做更懂中国的智能汽车。

飞鹤奶粉：更适合中国宝宝体质的奶粉

奶粉，事关下一代健康，是每个家庭都关心的问题。

过去有段时间，中国奶粉行业出了一些问题，这导致很多人都去国外购买奶粉。这种现象甚至衍生出了一个产业——奶粉代购。那时候的主流观点是："中国奶粉都不行，国外奶粉就是好"。

这种太绝对的观点，往往是站不住脚的。中国其实有好的奶粉品牌，但因为某些奶粉品牌的负面影响实在太大，所以导致消费者不敢相信中国还有好的奶粉，即使相信了，也不敢轻易尝试，因为试错代价太大了。

问题是：国外的奶粉虽然质量很好，但不一定就完全适合中国宝宝啊。

这个行业痛点，恰好被飞鹤奶粉看到了。

凭一己之力，扭转消费者对行业的负面看法，不是光喊几句口号就能完成的目标，品牌必须脚踏实地，坚持长期主义，才可能逐渐赢得消费者的信任。

在飞鹤乳业的官网里，有这样一段话：

2009 年至今，飞鹤不断专注母乳研究，建立母乳数据库，通过自主研发，建立中国母乳营养成分谱系，对中外母乳数据全面回顾与分析，探寻中国母乳的特点以及中外母乳的差异。这一系列研究所采用的数据分析方法在中国母乳研究领域尚属首次，深度挖掘了学术公开的中国母乳成分数据。这些数据对引领行业基础研究的发展，对指导产品配方设计、研制更接近中国母乳营养成分的配方提供了理论依据。

专注中国母乳研究，是飞鹤的品牌战略，把这个品牌战略所产生的结果，转化成普通消费者能听懂的话，就是品牌广告口号。总裁蔡方良在"中国飞鹤 60 周年战略升级发布会"上的发言就是广告口号的推导逻辑。

蔡方良说："经过多年持续深入的研究，我们发现了母乳中多种活性营养，它们对婴幼儿生长发育起着重要作用，比如促进脑发育、维持肠道健康、帮助免疫力构建等。"因此，飞鹤在"更适合中国宝宝体质"的基础上，强调"鲜萃活性营养"，就是要以中国母乳为蓝本，再萃取北纬 47° 婴幼儿专属奶源中的活性营养精华，通过工艺创新，还原母乳活性营养群，升级打造更适合中国宝宝体质的奶粉。

由于飞鹤大量投放广告，"更适合中国宝宝体质的……"被网友当成了一个"梗"，于是，万物皆可更适合中国宝宝。

陕西肉夹馍，成了"更适合中国宝宝体质的汉堡包"。

杂粮煎饼，成了"更适合中国宝宝体质的墨西哥卷"。

早餐油条，成了"更适合中国宝宝体质的法棍"。

洗浴中心，成了"更适合中国宝宝体质的环球影城"。

父母的巴掌，成了"更适合中国宝宝体质的鼓励"。

最后几句真的让我笑出声来。

言归正传，如果你的品牌有明确的"招惹"对象，或者有很聚焦的目标受众，则可以直接套用以下三种广告口号公式：

品牌名＋更懂×××的YYY；

品牌名＋更适合×××的YYY；

品牌名＋专为×××研发/打造/设计的YYY。

比如，你是做智能手机的，假设品牌名字叫"大米"，品牌的主要受众是大学生或者职场白领，针对这个群体有一些量身定制的功能，品牌的广告口号就可以这么写："大米，更懂大学生的智能手机"或者"大米，专为职场人设计的智能手机"。

比如，你是做全屋定制的，假设品牌名字叫"住好家"，品牌的主要受众是下沉市场的普通百姓，不跟有钱人比富丽堂皇，不追求花里胡哨的设计，不苛刻要求品质感，用"材料健康、价格实惠"这两个点去吸引目标客户，品牌的广告口号就可以这么写："住好家，更懂咱老百姓的全屋定制品牌"或者"住好家，更适合咱老百姓的全屋定制品牌"。

又比如，你开了一家连锁餐厅，品牌名叫"赣饭人"，主打江西特色菜，全国各地分店的辣椒和其他食材都是从江西专门运过去的，品牌的广告口号就可以这么写："赣饭人，更懂老表口味的江西菜馆"或者"赣饭人，更适合江西人口味"。

作为江西人，如果我看到这样的餐厅，一定会想进去吃一顿。

哪怕不是江西人，只要想尝试江西口味，也一定会优先考虑这个品牌，因为"更懂"两个字，放在餐饮业，就意味着"专业、地道、正宗"。

可能你也发现了，用前面这两种方法翻译的广告口号，都比较口语化，表达方式很直接，不拐弯抹角，适用于普通消费者经常能接触到的消费品品牌。消费者不用思考，所见即所知。但如果你的品牌比较注重意境，或者在同类产品中存在巨大的价格落差，需要塑造品牌调性，这种方法就不合适了。

比如，都是卖坚果零食，如果别人卖 10 元一袋，你卖 20 元，那么你可以不讲究品牌调性，因为你也不可能把同样的坚果卖到 100 元一袋。

可如果是羽绒服，普通品牌卖三五百元一件，你做中高端品牌，卖三五千元甚至几万元一件，这时决定价格的，就不是原料成本、生产工艺这些产品层面的因素了，你需要从更高的层面去翻译品牌的广告口号。

6.3　传递价值理念

产品优势和挑战权威这两种方法，写广告口号时都有公式可以套用，而价值理念相较于前面两种方法难度升级，要根据具体品牌进行具体分析，没有公式可以直接套用。

没有公式，并不意味着翻译时会像无头苍蝇一样乱撞，依然有几个思考路径值得参考，可以分别从品牌精神、产品质量、关怀用户这三个角度出发，把品牌想传递的价值观、精神理念，翻译成广告口号。

角度一：品牌精神

运动品牌、科技品牌以及部分互联网品牌是最爱讲品牌精神和价值观的几个行业，比如耐克（Nike）的拼搏精神 "Just do it"、苹果的创新精神 "Think different"，以及谷歌的自我约束精神 "Don't be evil"。

这些行业的产品层出不穷，为了避免陷入同质化竞争，品牌方必须想方设法在价值观和精神主张方面提出独特想法。接下来我将以我最喜欢的国产运动品牌安踏作为案例，将如何把品牌精神翻译成广告口号的方法分享给大家。

安踏：永不止步（Keep Moving）

福建晋江，中国鞋都之一。

20 世纪 80 至 90 年代，这里诞生了几千家大大小小的鞋厂，多数都是替境外厂商加工，大品牌吃肉，代工厂喝汤，做得再好，也没有话语权。

1991 年，二十出头的丁世忠先生创办安踏鞋业，他不想替他人作嫁衣，决定比其他工厂多走一步，做出了一个极具风险的决策：走自主研发品牌之路。

可以说，安踏的基因里，就带着"永不止步（Keep Moving）"的精神。

安踏专注于运动鞋领域，其产品造型时尚，价格实惠，质量毫不逊色于国际知名品牌，很快就以每年几十万双的销量遍布中国大小城市。

此时，一个新问题闯入丁世忠的脑海。

如果去掉视觉标志，无论是款式还是质量，安踏的鞋和国外品牌没有区别，但事实是有些年轻人愿意节衣缩食，省下几个月的零花钱去买一双耐克或阿迪达斯，却不愿意买同样优质的国产鞋。这是为什么？

因为安踏缺乏品牌美誉度。

痛则思变，丁世忠决定往前再走一步。

1999 年，安踏聘请乒乓球世界冠军孔令辉作为品牌形象代言人，并将"我选择，我喜欢"作为安踏的品牌广告口号。随着广告在央视播出，安踏从同质化严重的晋江制鞋作坊中脱颖而出，拥有了国民认知度。

此后，安踏一马当先，连续六年夺得年度运动鞋市场综合占有率第一，除了乒乓球冠军孔令辉，安踏还在排球、CBA 甚至极限运动领域寻找契合品牌精神的运动员合作。

其实，"我选择，我喜欢"这句广告口号并没有植入运动精神，更像是早期一些时尚品牌的广告语，而丁世忠先生曾说过："我们的品牌使命，就是将超越自我的体育精神融入每个人的生活。"显然，"我选择，我喜欢"并不能完成这个使命，安踏需要往前再走一步。

2006 年 9 月，安踏推出一支全新的品牌宣传片。

伴随着皇后乐队（Queen）的热门单曲《我们是冠军》(*We Are the Champions*)，宣传片闪出一个个身影：有篮球巨星、有拳击高手、有顶尖运动员，但更多的是普通人，是农家院落里苦练技术的无名乒乓球手、是乡村小路上奋力奔跑的少年、是球场上一次次摔倒的球员、是浑身伤痕累累的极限运动爱好者、是屡试屡败却屡败屡试的举重少女。

片子的文案很短，只有八句。

> 你没有他的天赋，
> 你没有他的条件，
> 你无人喝彩，
> 世界，不公平？

但你有梦想的权利，

让心跳成为你的宣言，

让疤痕成为你的勋章，

让世界的不公平，在你面前低头！

　　什么样的广告口号，才配得上这样的画面和文案，并诠释出安踏超越自我的品牌精神呢？

　　纵观安踏的发展历史，可以发现，品牌自己就是广告片的主角之一：它出身平凡，没有家世背景，一度被人踩在脚下，但它并不抱怨世界的不公平，它有梦想，它默默努力，朝着想去的方向不断奔跑，终于站在这条赛道的最前端，把对手都抛在了身后……

　　从代加工到自主品牌，是安踏的第一次往前走。

　　从默默耕耘到明星代言，是安踏的第二次往前走。

　　从明星面孔到平民面孔，是安踏的第三次往前走。

　　安踏想传递的精神很明确：不是每个人都有出众的天赋，不是每个人都能为国争光，但只要每个人在自己的人生赛场上努力拼搏，不断往前走，就一样可以成为自己人生的冠军。

　　因此，安踏的广告口号应运而生：永不止步（Keep Moving）。

角度二：产品质量

农夫山泉：我们不生产水，我们只是大自然的搬运工

1997 年 5 月，上海静安寺。

农夫山泉董事长钟睒睒在这里调研市场，当时他已经给农夫山泉写了几句广告口号，但一直不满意，决定到一线市场听听消费者的意见，看看能不能找到别的灵感。

他敲开一户居民家的房门，请他们全家品尝农夫山泉，询问他们的饮用感受。这家的小朋友喝了一口，脱口而出"有点甜"。钟睒睒一听，心中大喜——得来全不费工夫，回去之后把原先的广告口号都扔了，改成了"农夫山泉有点甜"。

这句广告口号属于妙手偶得之，强调的是产品优势，而农夫山泉第二阶段的广告口号，才是我接下来要重点分享的。

要搞清楚它的由来，得先从了解饮用水的种类开始。

我国饮用水市场上主要有三种水：饮用纯净水、饮用天然水、饮用天然矿泉水。饮用纯净水的水源，主要来自公共供水系统；饮用天然水的水源是非公共供水系统的地表水或地下水；饮用天然矿泉水的水源，则从地下深处自然涌出或经钻井采集。

包装水的生产工艺，主要是过滤和杀菌这两道工序，纯净水的水源是自来水，过滤精度更高，过滤掉污染物的同时，也会过滤掉矿物质，而天然水和矿泉水都是自然水源，生产中无须反渗透处理，最大程度地保留了水中的矿物质和微量元素。

农夫山泉的名字就有"山泉"，它做纯净水是一种打脸行为。

于是在 2000 年 4 月，农夫山泉突然宣布不再生产纯净水，转而生产饮用天然水，但是怎么才能在广告口号中体现"不加工，更天然"的品牌理念呢？钟睒睒想了一句可能是华语广告史上最长的一句广告口号：

我们不生产水，我们只是大自然的搬运工。

靠着这句广告口号的影响力，农夫山泉流进了千千万万中国人的身体，千千万万中国人口袋里的钱，也流进了钟睒睒的口袋。

可见，文案写得好，赚钱少不了。

角度三：关怀用户

Babycare：为爱重新设计

儿童用品有个特点：消费者和使用者不是同一个人。

消费者是父母，使用者是儿童。

很多儿童用品的设计看起来是从儿童角度出发的，但我们仔细一琢磨就会发现，这些设计为了方便父母，牺牲了儿童本身的很多需求。

设计师在设计前想要有这种自觉性，就得保持自省，因此在母婴头部品牌 Babycare 的"产品方法论"中，第一条就是——"存在即不合理"。

婆媳因为育儿观念不一致而产生矛盾、发生争吵的新闻，层出不穷，过往的某些育儿观念已经落后于时代，过往的很多育儿用品，也是如此。

对于设计师而言，想要创新，就要换个角度思考，甚至逆向思考，先假设所有现存的东西都是不对的，然后从中寻找缝隙，寻求新的解决方案。

Babycare，宝宝在乎什么？

要回答这个问题，品牌就要回到原点，把育儿相关的一切用品拿到放大镜下检查，看它还能不能满足当下消费者的需求，有没有更好的方式，解决宝宝和父母的痛点。

Babycare 的目标用户是"生活在一、二线城市的新生代家庭"，这群人的教育水平和收入水平较高，追求科学精细化的育儿方式，Babycare 必须设计并制造出高颜值、高品质的婴幼儿用品，才能满足这群人的育儿需求。

比如大物件：婴儿床。

据研究，新生儿每天平均有 18 个小时左右都睡在床上，因此婴儿床的安全就成了妈妈们最关心的问题，安全不单单是指防护措施，还包括孩子的呼吸环境——没有甲醛。

有没有那种没有油漆、打开就能安睡的婴儿床？

传统品牌的回答是：没有。

Babycare 的回答是：我们重新设计一款。

没有甲醛意味着没有油漆，这看起来降低了成本，实际上，反而增加了成本。

首先，不刷油漆就能直接用的木材，其材质必须比普通木材更优质；其次，缺了油漆这层保护膜，又要确保木材在运输过程中不被损坏，运输成本更高；最后，为了让木料保持光滑触感，工艺上必须打磨得更加精细。

Babycare 研发团队远赴新西兰，寻到绿色优质木材，邀请老匠人顺着木材纹理精雕细琢，直到这些木材摸上去毫无毛刺；同时使用传统的榫卯技艺作为拼接方式，打造出无漆婴儿床。这样一来，妈妈们再也不用提前半年购买婴儿床，以散去甲醛了。

又比如小物件：奶瓶。

在研究用户需求的过程中，Babycare 发现很多新手爸妈在寻找专业的新生儿奶瓶时面临几个主要问题。首先，很多宝宝对奶瓶很抗拒；其次，很多奶瓶的防胀气等功能做得很差；最后，很多奶瓶使用起来不方便。

大部分奶瓶已经诞生十几年甚至更长时间了。常言说："三岁隔一代。"新生儿和新手爸妈早已经换了好几代，奶瓶设计却一直停留在原地。是时候设计一款更符合当代父母需求的奶瓶了。

Babycare 耗费 7 年时间，打破"通过奶嘴进气孔进气"的行业常规做法，设计出瓶底环状进气的创新结构，从而调整内外气压平衡，实现瓶内无气泡；同时让奶瓶以 13° 的精确角度倾斜，这一角度不仅复刻了母乳亲喂的天然角度，而且更贴合宝宝口腔内的"哺乳窝"。这种设计有效减少了宝宝在吸奶过程中误吸空气的可能性，让宝宝的喂养体验更加安全舒适。

大到婴儿床，小到奶瓶、奶嘴，Babycare 的设计原点一直在践行它们的这一产品方法论——存在即不合理。可能是行业偷懒，没有去更好地研究解决方案。如果现有产品已经落后于时代，就应该重新设计一款能够满足用户需求的新产品。

Babycare 的设计原点是"爱"，因此品牌的广告口号翻译成——为爱重新设计。

6.4　融入时代情绪

《上海滩》《倩女幽魂》《沧海一声笑》《男儿当自强》这些经典歌曲的填词人，是与金庸、倪匡、蔡澜并称"香港四大才子"的黄霑。

在"填词人"这个身份之前，黄霑的职业是广告人，也是第一个赢得美国广告界最高荣誉"克里奥奖"（Clio Award）的华人文案创作者。

黄霑不仅在 4A 做到了创作总监，还和林燕妮合伙创办了"黄与林"广告公司，后来被 SAATCHI & SAATCHI（盛世长城国际广告）收购，"盛世长城国际广告"这个中文名中的"盛世"两个字，也是他取的。

黄霑古文功底深厚，美妆品牌"Revlon"找他翻译品牌的中文名时，他从李白的诗句"云想衣裳花想容，春风拂槛露华浓"中，直接摘出最后三个字"露华浓"作为品牌名，虽是拿来主义，却成了意音兼译的典范之作。

除了翻译品牌名，黄霑在品牌广告口号的翻译上也展现出了非凡的才华。

人头马 XO：人头马一开，好事自然来

1975 年，黄霑和狄波拉联袂主演电影《大千世界》时，洋酒品牌"人头马"找上门，拿出 5000 元港币，请黄霑为"人头马 XO"创作一句广告口号，以提升品牌在中国香港的影响力。

当时中国香港流行的广告文案，都是英文或中英粤结合的形式，黄霑作为一个有强烈文化自信的创作者，想要打破这种局面。他认为，要让广告口号能口口相传，必须将其写成通俗易懂的大白话。他把消费者对"人头马 XO"这款酒的期许，翻译成了一句俗语：

人头马一开，好事自然来。

这句广告口号出来后，风靡整个香港，也让人头马成为当时中国香港最有排面的酒，远超竞争对手马爹利和轩尼诗，有钱人家摆宴席，桌上都得放瓶"人头马 XO"。

有人可能会说，这不就是句顺口溜吗？既没文采，也没调性，好在哪里？

我先问你：你看到这句话的第一眼，是不是就知道它是哪个品牌？是不是就能记住整句话？心里是不是涌现出一股莫名的积极情绪？

广告语是写给人看的，人是时代的产物，时代的情绪会影响甚至塑造人

的情绪，换句话说，抓住时代情绪的广告语，也能抓住人的情绪。

20 世纪 70 年代的中国香港，经济开始腾飞，城市日新月异，各行各业蓬勃发展，人们充满希望，各种品牌都在用自己的方式占领市场。

"人头马"虽然有两百多年历史，但在中国香港这座务实而喧嚣的城市，品牌的文化底蕴并不吃香，而且刚富起来的这批有钱人也不一定习惯它的口感，若要教育消费者，又需要一个漫长的周期，不利于想快速站稳脚跟的新入场品牌，怎么办呢？

不如，试着不把它仅仅看作是一款酒，而是将其视为一种奢侈品，一种显得你很大方、很体面的社交货币，只在重要场合，将它献给重要人物。

"好事自然来"这种话，又是男女老少都喜欢的吉祥话、好彩头，不过"人头马"的价格摆在那里，有钱人才消费得起，这款酒自然成了上流社会宴请的标配之一。

由于这句话朗朗上口，各种场景适配度高，久而久之，成了一个时代的注脚，甚至演变成了一种处世哲学。2008 年的港剧《搜神记》里，女主角好彩妹的口头禅"笑口常开，好彩自然来"，可能就是由"人头马一开，好事自然来"改编而来。

内地也有一个类似的案例。

世贸天阶：全北京，向上看

2007 年，距离北京奥运会不到一年。

全国都在憧憬这件盛事，处于该盛事中心的北京，更是情绪昂扬。

那一年，北京交通大学举办学生体育节，提升学生们的身体素质和健康意识；市民举办首个"排队日"活动，倡导文明排队，将文明有序的社会风貌传递给全社会。

除了学生和市民，各行各业的人们都满怀激情，积极的新闻每天可见：某某场馆即将竣工，某某城市举办声援活动，某老百姓骑行中国支持奥运，某孩子创作文艺作品憧憬奥运……就连北京出租车司机，都在努力学习外语，不断提升自己，想把最好的一面呈现给各地游客和外宾。

那是一个欣欣向荣的时代。

那一年，北京 CBD 核心区的商业综合体"世贸天阶"开业，开创了体验式购物的先河。长约 250 米、宽约 30 米的亚洲最大天幕，为整条商业街带来梦幻般的声光奇观。

服务世贸天阶的，是房地产广告圈极具另类气质的公司——揽胜广告，他们把 2007 年那种生机勃勃的时代情绪，翻译成广告口号——"全北京，向上看"。

单独来看，这句话有点莫名其妙，为什么全北京要向上看？向上看什么？

而这句话放在世贸天阶，一切都合理了。

抬头向上，看的是亚洲最大天幕，这是物理上的"向上看"。

抬头向上，看的是一场即将在家门口召开的盛事，看的是一个日益强大的祖国，看的是那个充满豪情壮志越来越好的自己，这是精神上的"向上看"。

这句话至今还被刻在世贸天阶的入口处。

在北京工作的那些年，我经常路过那里，每次看到这句话，都会很感动，它写的不仅是世贸天阶，也是那个时代的北京和中国。

不过，贴合时代情绪的品牌广告口号，可遇不可求，因为趋势在变，我们很难找到一个普适性的情绪，或者找到了，却不适合品牌。

焦虑，是当下这个时代的共同情绪。

最近这几年，随着社会压力越来越大，越来越多的人喜欢上了健身运动、户外生活，与之相关的品牌，可以尝试从时代情绪角度找一找切入点，其他品牌也可以尝试从"解压、放松、自在、独处"等关键词中寻找突破口。

6.5　宣扬使命愿景

在讲述使命愿景式的广告口号之前，我先分享一下"黄金圈法则"（见图 6–1）。

这个理论的提出者叫西蒙·斯涅克（Simon Sinek），他原本是个广告人，后来撰写了一系列品牌与领导力的书，成了一名畅销书作家、领导力专家。他在 TED（Technology，Entertainment，Design，科技、娱乐与设计）演讲中提出了"黄金圈法则"，从做什么、怎么做、为什么要做这三个维度，剖析伟大品牌、领导者如何激励人们行动，这个视频在 TED 上很受欢迎。

以下是西蒙·斯涅克的演讲摘录[1]：

---

① 选自西蒙·斯涅克 TED"黄金圈法则演讲视频"。——编者注

大概三年半前，我有了一个新发现，这个发现完全改变了我对这个世界如何运作的看法，甚至从根本上改变了我的工作生活方式。

我发现：世界上所有伟大的令人振奋的领袖和组织，他们思考、行动、交流沟通的方式都完全一样。

我称它为"黄金圈法则"（The Golden Circle）。

圆圈最中央是"为什么做"，中间层是"怎么做"，最外面一层是"做什么"。这个简单的模型就能解释，为什么一些组织和领导者能够在别人不能的地方激发出灵感和潜力。

地球上的每个人、每个组织都明白自己在做什么（What），其中一些知道该怎么做（How），你可以称之为是你的独特价值，但是，只有很少的人和组织明白自己为什么做（Why）。

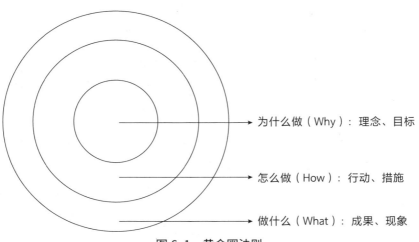

为什么做（Why）：理念、目标

怎么做（How）：行动、措施

做什么（What）：成果、现象

图 6-1　黄金圈法则

有的人可能会说，当然是"为了利润"。

利润只是一个结果，永远只能是一个结果。"为什么做"指的是你的目的是什么？你这样做的原因是什么？你怀着什么样的信念？

那些成功的组织和领导者，他们的思考方式是由内向外的：从"为什么做"到"怎么做"，再到"做什么"。而普通人恰恰相反，甚至只能停留在"做什么"这一层。

比如说，假设苹果公司跟其他公司一样，那他们的市场营销信息就会是这样的："我们做最棒的电脑，我们的电脑设计精美，使用简单，界面友好。你想买一台吗？"这听起来没什么意思吧？但这就是我们大多数人的交流方式，也是大多数市场推广的方式。

我们说我们的职业是什么，我们说我们是如何与众不同，或者我们怎么比其他人更好，然后我们就期待着一些别人的反应，比如购买、投票。但是，这些推销语听起来一点意思也没有。

在现实中，苹果公司是这么说的：

"我们做的每一件事情，都是为了突破和创新。我们坚信应该以不同的方式思考。我们挑战现状的方式，是通过把我们的产品设计得十分精美，使用简单和友好的界面，我们只是在这个过程中做出了最棒的电脑。你想买一台吗？"

感觉完全不一样，对吧？你已经准备从我这里买一台了。我所做的，只是将传递信息的顺序颠倒一下而已。

事实已经向我们证明，人们买的不是你做的产品，人们买的是你的信念。这就解释了为什么那么多消费者愿意买苹果电脑。

但是你有没有发现，有件事情很奇怪，明明苹果是家电脑公司，我们却很乐意买苹果的 MP3 播放器和手机。如果换作其他电脑公司，比如戴尔（Dell），他们也推出过 MP3 播放器和平板电脑，质量也非常好，但我们无法想象去戴尔买 MP3，对吧？

这就进一步证明了，人们买的不是你做的产品，人们买的是你的信念。做公司的目标不是要跟所有需要你产品的人做生意，而是跟与你有着相同理念的人做生意。

我说的这些没有一个是我自己的观点，这些观点都能从生物学里面找到根源。

当你俯视大脑的横截面，你会发现人类的大脑实际上分成三个主要部分，而这三个主要部分和"黄金圈"匹配得非常好：我们的大脑皮层，负责我们所有的理性和逻辑的思考和语言功能，对应着"是什么"这个圆环；中间部分是我们的两个边缘系统，负责我们所有的情感，比如信任和忠诚，也负责所有的行为和决策，但没有语言功能。

换句话说，当我们以由外向内的方式和他人交流的时候，他们可以理解我们表达的各种复杂信息，比如特色、优缺点、事实和图表。但是，这还不足以激发他们的行动。

可如果我们以由内向外的方式交流，这个时候，我们是在同他们大脑中控制行为的那一部分直接对话，然后他们会自行合理化我们所说的事情，这就是那些"发自内心的决定"的来源。

有时候我们看到一些数据图表，会说："我知道这些数据和图表是什么意思，但就是感觉不对。"为什么我们会用这个动词——"感觉"不对？因为控制决策的那一部分大脑并不支配语言，我们只好说："我不知道为什么，就是感觉不对。"

如果你自己都不知道为什么做你正在做的事情，那么你怎么可能赢得他人的支持呢？我们的目标不仅仅是将我们有的东西卖给需要它们的人，而是将东西卖给跟我们有共同信念的人。

简单总结一下黄金圈法则的三个特点：一是伟大领袖和组织善用的激励，二是由内而外的说服，三是寻找持有共同信念的同道者。

这些恰好是行业领导品牌在做的事。

很多品牌作为行业老大或者先驱者，需要颠覆或推动一个行业的进步。然而，当从产品优势、精神理念还是时代情绪等角度，都难以表达符合品牌使命的宏大叙事时，就需要用黄金圈法则了。

特斯拉：加速世界向可持续能源转变

电影主角展开某项行动之前，都会先交代清楚背景，比如，发生了什么事？是什么原因促使他／她必须踏上那条路？如果这个动机不清楚或不强烈，整个故事就会垮掉。

要讲好品牌故事，也必须遵循这一点。

特斯拉为什么要"加速世界向可持续能源转变"？

因为特斯拉的创始人埃隆·马斯克（Elon Musk）认为，人类一切现代活动，每分每秒都在消耗能源，而地球上的燃料储备是有限的，一旦化石燃料用尽，无法产生新的能源，人类文明便会坍塌。因此，人类必须摆脱对化石燃料的依赖，尽快实现对可持续能源（水电、地热能、风能、太阳能）的开发利用，同时保护地球环境。

这是特斯拉的为什么做（Why）：加速世界向可持续能源转变。

为了完成这个使命，特斯拉规划了一系列行动。

特斯拉官网中有一份文件《特斯拉秘密宏图第三篇章》，该文件重点介绍了五个关键领域，特斯拉认为在这些领域的努力，可以极大地推动这一转变。

（1）用可再生能源驱动现有电网；

（2）转向电动车；

（3）在家用、商用和工业领域使用热泵；

（4）高温储能及可持续制氢；

（5）在飞机和船舶上应用可持续能源。

这是特斯拉的怎么做（How）：为了实现"加速世界向可持续能源转变"的愿景，特斯拉品牌向全球发起号召，邀请各国一起加入这项事业，并积极挖掘顶尖设计师和工程师，设计并制造新能源汽车。

同时，特斯拉推出了旗舰轿车 Model S、大型 SUV Model X、入门 SUV Model Y、入门轿车 Model 3，以及家用卡车 Cybertruck、大型半挂式货车 Semi，还推出了太阳能设备和 Powerwall，通过这些电动车型和再生能源产品，减少碳排放。

这是特斯拉的做什么（What）：打造出 Model 系列轿车、SUV、卡车以及太阳能设备等。

特斯拉的黄金圈法则如图 6-2 所示。

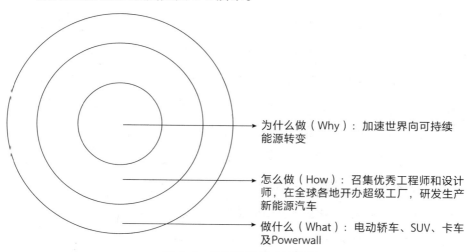

为什么做（Why）：加速世界向可持续能源转变

怎么做（How）：召集优秀工程师和设计师，在全球各地开办超级工厂，研发生产新能源汽车

做什么（What）：电动轿车、SUV、卡车及 Powerwall

图 6-2　特斯拉的黄金圈法则

阿里巴巴：让天下没有难做的生意

网购已经成了现代生活不可或缺的体验，而创造出这种体验的阿里巴巴，也已经成为一个电商帝国，在它诞生之前，中国消费市场是另一番景象。

回到 1999 年，阿里巴巴成立之前。

当时中国的商业环境存在大量问题，比如缺乏诚信：消费者经常买到假货，商家经常收到假币，开工厂的经常收不到货款。

又比如信息不透明：同样的商品，南方一个价，北方一个价，还催生了一种特殊商人群体——倒爷，他们只要把南方商品贩卖到北方，就能赚一大笔差价。

此外，运输成本高昂，个人只能就近消费，就算做生意的商贩，在异地批发时也只能小批量拿货。我曾经有个高中同学，在老家的小县城开了家服装店，为了省钱，每次都坐夜班火车去杭州拿货，晚上还不敢睡觉，担心货款被偷，他每次决定拿货数量的因素不是销量，而是自己的体力——如果拿多了，就扛不动了。

那个时代的生意确实难做，难的不是缺少客户，而是市场乱象频出，所有的痛点都没有有效的解决办法，在这样的背景下，阿里巴巴诞生了。

马云最初的目标是希望创建一个在线市场，让数以百万计的小企业和个体经营者更容易地连接卖家，为他们创造更多商机。

这是阿里巴巴的为什么做（Why）：让天下没有难做的生意。

要实现这个目标，阿里巴巴首先要创建一个完整的市场体系，既能保证产品质量和批发数量，又能保护消费者和企业家的利益。

马云带领团队对全国各地中小型企业进行调研，了解这些群体的实际需求，然后积极寻找海外客户，亲自拜访许多国际公司的高管……

这是阿里巴巴的怎么做（How）：开发软件、调研市场，邀请目标用户入驻平台。

1999 年，针对企业厂家的"企业对企业"（B2B）电子商务平台"阿里巴巴国际站"问世，现已成长为全球领先的"企业对企业"数字贸易平台；2003 年，阿里巴巴推出了针对普通商家的"客户对客户"（C2C）电子商务平台"淘宝网"，消费者从此可以在网上自由购物；2004 年，独立的第三方支付平台"支付宝"上线，解决了商家和消费者之间的信任问题；同年，即时通讯工具"淘宝旺旺"上线，方便了买卖双方实时沟通，进一步提高了交易的便利性和效率；2012 年，阿里巴巴又推出针对品牌商家的"企业对客户"（B2C）平台"天猫"，提升了品牌形象和用户体验。

这是阿里巴巴的做什么（What）：用一个又一个精心打造的平台和工具，构建更好的经商与消费环境。

阿里巴巴的黄金圈法则如图 6-3 所示。

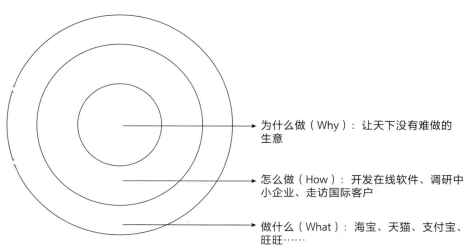

图 6-3　阿里巴巴的黄金圈法则

36 氪：让一部分人先看到未来

十多年前，我是一家房地产广告公司的资深文案创作者，每天早上到公司的第一件事，就是打开电脑浏览"新网站"的文章。

那些年涌现出了一批专注互联网、科技、创业、商业模式等领域的网站，比较知名的有虎嗅网、i 黑马、极客公园、砍柴网、人人都是产品经理，而 36 氪也是其中的一员，把它们称为新网站，主要是为了跟传统门户网站区别开来。

这些网站不像门户网站那样大而全，让人迷失在海量信息里，它们只关注某几个特定领域，撰稿人都是拥有丰富从业经验的专业人士或商业记者，新网站的标题更加口语化，不像传统媒体那样严肃，传统媒体总想把内容写得厚重，刻意制造阅读门槛。

作为国内具有代表性的科技创投资讯风向标，36 氪为中国科技公司、创业投资机构、互联网从业人士，以及像我这样关注这些领域的新时代青年（那时候我还年轻）提供前沿的、全景式的科技创投资讯。

这是 36 氪的为什么做（Why）：让一部分人先看到未来。

在那个万众创业的时代，北京中关村大街上有很多创业者和投资人。对于创业者来说，即使想法再好，如果缺乏启动资金，没有团队打造产品、推广销售、塑造品牌，一切都是空谈；对于投资人而言，虽然遍地都是商业计划书，但真正成熟的好项目却不多。诞生于这种背景下的 36 氪，以科技、资本、商业模式等核心视角，围绕创业、投资两大行业，为企业和个人提供优质的信息获取服务以及品牌传播服务。

36 氪通过专业记者撰写的行业动态与品牌观察文章，为创业者提供宝贵的趋势参考；同时，平台邀请了众多成功的创业者、投资人和行业专家入驻平台，让他们分享经验与见解，以及提供人际关系资源和资金方面的支持。

这是 36 氪的怎么做（How）：请记者撰稿，请专家入驻，为创业者和投资人牵线搭桥……

除了丰富的资讯、深度的文章，36 氪还为创业者们提供了众多实用工具和服务。创业者可以通过 36 氪的在线项目展示功能，向投资人展示自己的创意和计划。此外，通过举办创业大赛、行业峰会等各类线下活动，36 氪为创业者搭建了一个与其他创业者、投资人交流互动的平台。

这是 36 氪的做什么（What）：信息网站、创业项目展示平台、创业大赛、行业峰会……

36 氪的黄金圈法则如图 6-4 所示。

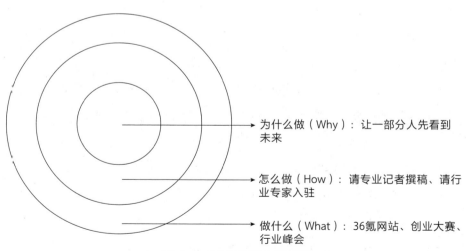

图 6-4　36 氪的黄金圈法则

做事的逻辑，通常是从做什么（What）到怎么做（How）再到为什么做（Why），而沟通的逻辑刚好反过来，从为什么做（Why）到怎么做（How）再到做什么（What）。

不管你专注于哪个领域，只要你做的是一项开创性的事业，并且你的目标远大如星辰大海，就可以把品牌使命或品牌愿景作为你的广告口号。

但是，再伟大的使命或愿景，如果没有扎实的产品来落地，就成了空中楼阁。使命和愿景越宏大，产品就要越优秀，要经得起市场和时间的检验。因此，切不可喊出一流的口号，却拿出了三流水平的产品，这样的不匹配只会让品牌死得更快。

总结一下

在翻译品牌的广告口号时，可以运用说出产品优势、塑造另类权威、传递价值理念、融入时代情绪、宣扬使命愿景这五种方法。其中说出产品优势、塑造另类权威这两种方法更适合刚入行的文案创作者和小公司创业者，因为它们不仅有现成的公式可以套用，而且也适合很多日常消费品的调性，而后面几种方法没有现成的公式可套，需要根据具体项目具体分析，且需要对品牌与消费者有更深的理解，建议寻求资深广告人的合作。

上面提到的"黄金圈法则"，建议每个人都牢牢记住，因为它也如同一个公式，可以套用到每个行业、每家公司甚至每个人身上。无论你做什么，都可以先问问自己为什么做（Why）：我为什么要这么做？有了答案之后，再问自己怎么做（How）：要做哪些事，才能达到我的目标？当你找到了路径和方法之后，最终会得出做什么（What）：这个成果是否符合你的为什么做（Why）？

互动

如果把自己当作一个品牌，让你为自己翻译一句广告口号，你会从哪个角度切入？你身上最值得突出的优势是什么？你最后完成的广告口号叫什么？

第 7 章 翻译品牌调性

品牌名字确定了，品牌广告口号有了，接下来我们需要通过一些具体的广告作品，把品牌形象和调性传递给市场和消费者。

如果把品牌比作一个人，那么品牌的调性就是这个人的独特气质，广告文案的价值，就在于它能帮助品牌提升气质——因为更好的气质往往意味着更高的品牌附加值。

一个人的气质，决定了他如何行动，会受到哪些人喜欢，以及他在这个社会上的价值，品牌也是如此。

但问题是，气质就像空气一样，虽然每个人都能感知到它的存在，但它却看不见摸不着，不是一个具象的存在，那么怎样清楚描述品牌的气质呢？

接下来我会通过品牌电视广告文案、海报长文案以及日常微信公众号文章三类案例来展示品牌在传递产品优势或精神理念的同时，如何塑造出独特的品牌调性。

7.1　电视广告文案

美国广告大师李奥·贝纳（Leo Burnett）说过："好广告不只在传达讯息，它能以信心和希望穿透大众心灵。"早些年，很多品牌的电视广告不仅画面富有意境，文案也极为动人，但近些年不少品牌的电视广告似乎落入了一个怪圈，大部分都在强调视觉元素，画面拍得美轮美奂，镜头玩得很酷炫，文案却空洞乏味，无病呻吟，让人颇为惋惜。

当我看到寝具品牌慕思的电视广告《雨眠》时，我喜欢得不得了，且不说近几年，它至少是 2023 年我看过的最佳品牌电视广告。

这部作品的好，是全面的好，从 4 ∶ 3 的画幅（将人一下子带进旧时光的氛围中），到侯孝贤式的镜头语言与电影色调的运用，再到场景与人物的选择，甚至配音和音效的搭配都非常出彩，每个细节都经得起深究。特别是文案，恰到好处地营造出了符合品牌调性的情绪氛围。

雨眠

夏天的雨

不讲道理，说来就来

轰轰隆隆，噼里啪啦

鸟儿飞回巢穴

蚂蚁也在往家赶

万事万物

在一场突如其来的雨面前

都得停一停

但还好

下雨天，也最好睡

"阶前落叶无人扫，满院芭蕉听雨眠"

院子里的叶子先不扫了

再让它多落一会儿，落个痛快

"阴晴十里不同天，独树溪边看雨眠"

还没来的人，先不等了

因为他也在等雨停

"竹斋眠听雨，梦里长青苔"

反正也出不了门

不如定定心心睡一会儿吧

既来之，则安之

无论风雨都好眠，是中国人的休憩智慧

事儿干不了，不急

等雨停了，再做

雨声雷声声声过耳

大事小事事事放下

而世间最美好，莫过于听着雨入睡，梦里却没有风雨

醒来，雨也停了

万事万物，自有规律

晴有晴的好处，雨有雨的道理

> 在等的人，要来，自然会来
>
> 一场好觉
>
> 从来不会叫你错过世间美好
>
> 旁白：
>
> 愿你用一场好觉度过人生的雨天
>
> 无论风雨都好眠

慕思的品牌调性是相对内敛的，它已经脱离了产品层面的单纯叙事方式，不会直截了当地推销床垫的功能性卖点，而是通过阐述品牌理念、塑造品牌气质的方式，将睡眠之道提升为睡眠文化。

慕思品牌的副总裁李晓锋说过一段话，大意是：失眠的原因，更多是"心理上的障碍"，床垫只能解决硬件问题，解决不了心理问题，所以慕思开始探索"六根睡眠文化"，希望能够帮助人们克服心理上的障碍。

所谓六根，指人的眼、耳、鼻、舌、身、意，当它们被协调到舒适状态时，人的睡眠质量最佳。

设想一下，如果让一个不懂品牌调性的团队来拍这种电视广告，会用什么样的文案翻译六根睡眠文化？

可能是这种贩卖焦虑式的：

根据调查，中国成年人的失眠率高达 38.2%，超过三亿中国人饱受失眠的困扰，失眠不仅是生理问题，更是心理问题。××（品牌名）认为，只有先让身体舒服了，心灵才能安睡，所以，我们提出了"六根睡眠文化"……

画面将数据图表和失眠的人群交叉剪辑，展现他们焦虑的状态：双手无力抱头，躺在床上辗转反侧，吃安眠药，坐在床边盯着窗外等天明……

也可能是这种文绉绉范儿的：

《诗经》里写道："求之不得，寤寐思服。悠哉悠哉，辗转反侧。"这是中国文学史上最早关于失眠的场景。千百年来，失眠症公平地降临在每个人身上，人们妄图借助药物与酒精催眠，殊不知，失眠的症结在于心神……

画面采用中国传统山水作为背景，一本古籍自动翻开，先展示《诗经》里的那句话，再插入一些不同时代、不同身份的人备受失眠困扰的场景……

还可能是这种"励志"式的：

失眠？恭喜！睡不着说明你心里有事儿，不甘心这么早睡去，你的方案还没写完，你的愿望还没实现，你不想把时间浪费在睡眠上，虽然你的精神斗志昂扬，但是你的身体需要休息，一次深度睡眠能够帮你恢复精力，激发出更好的状态……

画面可能是各种奋斗场景：有人深夜在公司加班，有人在出租屋熬夜写方案，有人躺在床上刷手机，原来是在回复工作信息……

以上几种类型的文案，你一定都见过，但不一定会喜欢，并且肯定不会觉得这是优秀的品牌文案，如果慕思采用这种文案，品牌调性就完全垮掉了。

《雨眠》是通过画面、色彩、人声、环境音、配乐和文案等元素，将六根调节到舒服状态的案例，所以它无论看起来还是听起来，都很"好睡"。

我们拆解一下慕思是如何翻译品牌调性的。

首先是筛选关键词。

抽象的调性，必须通过具体的场景和熟悉的状态去构建，对于慕思来说，雨天、院子、芭蕉、青苔这些关键词构建了一个舒服的物质环境，安静、放松、不急、休憩这些关键词，勾勒出一个舒服的精神环境，通过这些关键词的使用，整篇文案的基调就稳住了。

其次是措辞风格。

落笔时，文字不可过于华丽，要保持朴实的、简短的甚至是口语式的风格，这样不仅避免了过度煽情，同时也让文案更有节奏感。

注意，口语式不代表零散，文案整体一定是形散而神不散，否则很容易不知所云。

最后是文案篇幅结构。

> 夏天的雨，不讲道理，说来就来，轰轰隆隆，噼里啪啦。鸟儿飞回巢穴，蚂蚁也在往家赶，万事万物，在一场突如其来的雨面前，都得停一停。

如果你熟悉镜头语言，应该会发现开篇这几句文案是全景镜头，它用一种"上帝视角"打量世间万物，从空中的飞鸟到地面的蚂蚁，在一场突如其来的夏雨面前，都停了下来。

> 但还好，下雨天，也最好睡，"阶前落叶无人扫，满院芭蕉听雨眠"，院子里的叶子先不扫了，再让它多落一会儿，落个痛快；"阴晴十里不同天，独树溪边看雨眠"，还没来的人，先不等了，因为他也在等雨停；"竹斋眠听雨，梦里长青苔"，反正也出不了门，不如定定心心睡一会儿吧，既来之，则安之！

这一段，镜头拉近成中景：台阶上的落叶、满院子的芭蕉、溪边的独树、等待的身影、梦里的青苔都营造出一种岁月静好的意境，并通过几句古诗词营造出极具东方禅意的美感，主题也悄然从"停一停"过渡到了"睡一会儿"，为下一段的睡眠文化做铺垫。

> 无论风雨都好眠，是中国人的休憩智慧。事儿干不了，不急，等雨停了，再做。雨声雷声声声过耳，大事小事事事放下，而世间最美好，莫过于听着雨入睡，梦里却没有风雨，醒来，雨也停了！

第一句直接点明品牌主旨，紧接着是几句劝你别焦虑的安慰，然后是"听着雨入睡，梦里却没有风雨"这样的金句，不着痕迹地将中国人的休憩智慧与品牌理念完美融合。

> 万事万物，自有规律。晴有晴的好处，雨有雨的道理，在等的人，要来，自然会来；一场好觉，从来不会叫你错过世间美好！

最后这段将主题上升到"不急不躁，顺其自然"的处世哲学高度，告诉你该吃吃该睡睡，不要患得患失，好好睡个觉，天不会塌下来。

四个部分，起承转合，非常漂亮。

整篇文案的中心思想，或者说品牌想传达的核心理念，就五个字：心静则身憩。

反过来推导。

要把这五个字翻译成一篇电视广告文案，得先回答一个问题：人在什么时候最容易心静？《雨眠》的创作团队找到的连接点是"下雨"。

为什么下雨会让人心静?

医学上给出了四个理由:一是人体褪黑激素分泌量增加,会调节人体生物钟,让人更容易感到疲倦;二是血清素水平降低,易导致人郁郁寡欢,浑身没劲;三是空气湿度较大,负离子含量提高,而负离子能够改善神经系统、心血管系统、血液系统和呼吸系统功能,让人感觉更舒适,还具有镇静和催眠作用;四是雨声声频在 0 到 20 千赫之间,被称为"白噪声",它会让大脑产生 α 波并无意识地放松,接近人体睡眠时的状态。

还有说法认为,这可能与人类早期进化有关。

在远古时代,我们的祖先常居洞穴,缺乏坚固建筑的保护,就连晚上在洞穴睡觉时,也要时刻提防野兽的袭击。但在下雨天,很多动物都会暂停外出捕食,躲在洞穴里休息,这种动物界约定俗成的规矩,演化成一种雨天特有的安全感,被刻进人类基因里,变成人的潜意识,因此一遇到阴雨天,人就会本能地放松,很容易开启"睡觉模式"。

《雨眠》的画面意境,显然更接近最后一种解释。

通篇文案没有一句提及品牌信息,却紧扣"无论风雨,想睡就睡"这个概念,不煽情,用记忆中常见的事物,用慢吞吞的节奏,让大家卸下急躁和焦虑,并拉近品牌与用户的距离。

本来嘛,这世上就没什么事是睡一觉不能解决的,如果有,那就再睡一觉吧。

7.2 海报长文案

按照功能划分，海报可以分为产品海报、促销海报、营销海报、品牌海报等多种类型。

产品海报的主角是产品，主要介绍产品优势和各种卖点；促销海报的主角是福利，主要介绍优惠政策、折扣力度、赠品信息等；营销海报的主角是品牌，主要是借助热点或节气表达品牌心意，强调陪伴和润物细无声的效果；品牌海报的主角也是品牌，主要是展现品牌理念、价值观或者使命愿景等，没有太强烈的销售目的，而是期待获得用户精神上的认同。

本章讲的是翻译品牌调性，因此海报长文案主要指的是品牌海报的长文案。

自主研发酿造出了中国第一瓶干白、第一瓶干红和第一瓶传统法起泡酒的长城葡萄酒，是中国葡萄酒的领军者，也是人民大会堂国宴用酒、2008 年北京奥运会及 2010 年上海世博会唯一指定用酒。

在长城葡萄酒的官网，我曾见过这样两段话：

> 红色，是中国的颜色，红色，融铸着中国革命的本色，融铸着红旗的颜色、共和国的颜色。
>
> 国酒，是一个国家酒文化的集大成者，一个国家主流文化的标志酒。红色国酒内蕴的是民族品牌的愿景，凝聚的是央企中粮的使命。

"长城"是中国的符号之一。以它为品牌命名，而不是"某某庄园"之类的常规名字，已经说明了它的不平凡出身，官网那两段话更是高屋建瓴，点出了长城葡萄酒的规格之高。

即便如此，消费者依然不明白，它凭什么成为国酒？到底好在哪里？品牌需要一组广告来解释，长城葡萄酒为什么能在行业中占据中心地位。

葡萄的优劣对葡萄酒的质量有重要影响，但什么样的葡萄才算优质葡萄，才有资格被国酒品牌"长城"选中？

古人常用"采天地之灵气，聚日月之精华"来形容某物珍贵稀有，能被"长城"所青睐的，便是符合这种标准的葡萄。

因此接下来的这组文案有个共同的主题：地道好酒·天地灵犀。

三毫米的旅程，

一颗好葡萄要走十年

三毫米

瓶壁外面到里面的距离

一颗葡萄到一瓶好酒之间的距离

不是每颗葡萄

都有资格踏上这三毫米的旅程

它必是葡园中的贵族

占据区区几平方公里的沙砾土地

坡地的方位像为它精心计量过

刚好能迎上远道而来的季风

它小时候，没遇到一场霜冻和冷雨

> 旺盛的青春期，碰上十几年最好的太阳
>
> 临近成熟，没有雨水冲淡它酝酿已久的糖分
>
> 甚至山雀也从未打它的主意
>
> 摘了三十五年葡萄的老工人
>
> 耐心地等到糖分和酸度完全平衡的一刻
>
> 才把它摘下
>
> 酒庄里最德高望重的酿酒师
>
> 每个环节都要亲手控制，小心翼翼
>
> 而现在，一切光环都被隔绝在外
>
> 黑暗、潮湿的地窖里，葡萄要完成最后三毫米的推进
>
> 天堂并非遥不可及
>
> 再走十年而已

标题中的"三毫米"和"十年"两个巨大数差，制造出了强烈悬念；正文开门见山，先说三毫米是一颗葡萄到一瓶好酒的距离，接着指出不是所有葡萄都有资格走完这段距离；随后是一大段的筛选条件，从土地、坡度、气候，到阳光、雨水、动物，再到工人、地窖，每个环节都极其苛刻，且缺一不可。

片尾两句画风一转，仿佛在告诉我们：经过一系列漫长的考验后，真正的旅程才刚刚开始。这给人一种看完一部跌宕起伏的大片，结尾发现还有续集的感觉。

整篇文案没有一个高大上的词汇，甚至部分句子还有些口语化，可是字里行间透露出品牌对种植细节之讲究、对品质把控之苛刻，这就是长城葡萄

酒想在消费者心中建立的认知：只有经历了天地日月、风霜雨露恰到好处的洗礼的葡萄酒，才能真正称得上是地道好酒。

十年间

世界上发生了什么?

65 种语言消失

科学家发现了 12 866 颗小行星

地球上出生了 3 亿人

热带雨林减少了 6 070 000 平方公里

元首们签署了 6035 项外交备忘录

互联网用户增长了 270 倍

5 670 003 只流浪狗找到了家

乔丹 3 次复出

96 354 426 对男女结婚

25 457 998 对男女离婚

人们喝掉 7 000 000 000 000 罐碳酸饮料

平均体重增加 15%

我们养育了一瓶好酒

　　这篇文案更是简单直接，通过展现 10 年间世界上的一系列变化，呈现一种物是人非、沧海桑田的巨变感觉，而在那些天文数字面前，长城葡萄酒只做了一件事：养育一瓶好酒。

　　言外之意是我们耐得住寂寞，我们专注，哪怕 10 年时间可以做无数事情，我们也只会把心思花在一件事情上，有这种态度，长城葡萄酒的品质当然无须赘言。

长城葡萄酒是优质好酒，但它不是天价酒，不是面子酒，它的产品价值大于社交价值，因此，它的品牌调性是柔和的，是朴实的，有一种脚踏实地的内在高级感，而不是一种只停留在表面的高级感。

这个系列考验的不是文案创作者的词汇量，而是其对时间的理解，对一系列偶然性背后代表的苛刻标准的理解，要翻译这样的品牌调性，文案措辞必然不能花里胡哨，故弄玄虚，而必须用日常的、朴实的文字，塑造不同凡响的气质。

7.3　微信公众号文章

这可能是刚入行的文案创作者最常接触的工作。

品牌官方微信公众号和普通的流量型微信公众号有点不一样，后者的撰稿人可以是小编，可以是作者，可以带有明显的个人写作风格，但只有品牌微信公众号的内容撰稿人，才可以称为"文案创作者"。文案创作者的任务是帮助品牌塑造风格和调性，要藏起自己的锋芒，个人喜欢什么不重要，重要的是笔下的文案要符合品牌的调性。

2017 年，我负责劳斯莱斯品牌的新媒体文案内容。

在那之前，劳斯莱斯中国的文案风格与其他豪华汽车品牌的文案风格并没有明显的差异，也没有展现出劳斯莱斯作为汽车界金字塔尖的气度，我被招进公司的原因，就是解决这个难题：如何将劳斯莱斯的文案风格打造成顶级奢侈品风格？

经过几个月的探索与磨合，我逐渐确立了劳斯莱斯的新媒体文案调性：极简、奢华、唯美、艺术性。

具体到写作层面，我常用这几个技巧：文章标题和内文小标题尽量保持四个字或八个字的对仗形式；使用能够表达极限含义的非极限词（避免违反广告法）；多用短句，少用甚至不用长句（便于阅读和形成文字节奏感）。

有没有"说人话"，是评判文案好坏的标准之一，但不是所有品牌的文案都适合"说人话"，即便需要说人话，也不一定全篇都需要，有时还得说一些冠冕堂皇的漂亮话。

劳斯莱斯的品牌调性是顶级奢华、让人有距离感的，但又不是孤芳自赏的，它遗世独立，却让万千人为之神往……要准确翻译这种气质，最大的难点在于把握尺度，不能写得太接地气，否则那就不是劳斯莱斯了，也不能完全不接地气，否则就太做作了。

按照时间顺序，我为劳斯莱斯品牌撰写文案的过程可以分为三个阶段。

第一阶段，大量使用华丽词汇，语句结构比较复杂，文案的整体风格有点刻意端着，虽然文案得到了客户的认可，但我自认为还可以再优化。

第二阶段，有意降低华丽词汇的出现频率，花费大量时间寻找极限词的替代词，并汇总成《劳斯莱斯文案词典》。这个文案词典明确了每款车型可以用哪些词，不能用哪些词，也方便后面接手的文案创作者快速了解不同车型的调性，写作时不会跑偏。

第三阶段，语句表达更加精简，用词更加精练，并将"说人话"和"漂亮话"结合，既保持品牌的奢华调性，又不至于让人觉得太刻意，还不会违反广告法。

另外，劳斯莱斯的微信公众号文章有个不成文的规定：全文字数尽量不超过 500 字。通常一篇文章分为 3 到 5 段，每段几十字，再加上开篇结尾的十几个字，全文总共大概三四百字，我印象中字数最少的一篇是某年的新年贺词，该篇只有 66 字。

劳斯莱斯与其他豪车品牌或奢侈品品牌还有一个区别："劳斯莱斯"这四个字，不仅是一个品牌名字，还是一个形容词。

在日常生活中，我们有时候形容某种物品非常好，却找不到合适的词语去描述时，或者不想大费周章去解释，但又想让人一下就明白这是业内最好的东西时，我们就会说，"这是 ×× 中的劳斯莱斯"。

全世界只有两个品牌享有这样的待遇，另一个是爱马仕。

所以在劳斯莱斯早期的文案中，经常会出现一些极限词汇：完美、巅峰、举世无双、登峰造极之类。随着广告法监管力度的加强，这些词语和成语都不能用了，可问题是，劳斯莱斯的很多细节确实是顶级的，这可怎么办？

接下来我将选择三篇文案，分别从车型介绍、体验活动以及艺术项目三个角度，拆解如何在日常文案中翻译劳斯莱斯的品牌调性。

车型篇

这篇文案介绍的是劳斯莱斯幻影的特别款车型，这款车是极少数中的少数。文案最难的是开头，我希望粉丝看到第一句话，心里就情不自禁发出一声惊叹：喔……

这款幻影的特别之处，不仅在于全球仅限量 25 台，更在于车内部分工艺嵌入了 Muonionalusta（穆阿尼纳鲁斯塔）陨石元素，这块陨石来自一颗大约三四十亿年前的小行星，是目前为止全球发现的落地时间最长的陨石。

毫无疑问，劳斯莱斯幻影静享苍穹典藏版是极为珍贵的，从某种意义上来说，它已经超越了汽车或奢侈品的概念，成了一款具有收藏价值的艺术品。

要介绍一款这样的艺术级车型，如果上来就讲配置和性能，会显得很生硬，也不符合劳斯莱斯的品牌调性；而如果从设计理念或情怀入手，也无法凸显这款车型的真正价值所在，那应该从哪里开始说起呢？

回溯事情的源头：劳斯莱斯幻影静享苍穹典藏版之所以珍贵，是因为 Muonionalusta 陨石元素的嵌入，而这块陨石之所以价值连城，是因为它超越了人类的生命周期，代表了一种浩瀚的宇宙尺度，是人类对时空想象的具象化体现。

要讲好它的故事，就要回到最初的起点，从其历史渊源着手。

把视线从地面转向太空，闭上眼睛，想象你坐在一艘宇宙飞船里，它带你穿越虫洞，接着"轰"的一声，飞船突然静止了……你睁开眼睛，周围一片虚无，没有声音，没有生命，从遥远的星云投射来一道道微光——你发现自己置身于时间深处。

一些化学物质凝结在一起，堆积成一颗小行星，那是 Muonionalusta 陨石的母星。

在文章开头，我尝试过好几种方式翻译这个场景，最后用了这句：

天地始源，万物自化。

这八个字，定下了整篇文章的基调。

100 万年前，Muonionalusta 陨石脱离母星，穿过深邃寂寥的太空，坠落在一颗蓝色星球的北极圈（落地后经历了 4 次冰河时期），我用 19 个字翻译这个画面：

> 遨游星际的天体，穿越时间长河，悄然降落地球。

几十亿年的光阴，赋予了 Muonionalusta 陨石独具一格的面貌：抛光的表面经 2% 的硝酸酒精溶液侵蚀后，呈现细粒八面体结构的维斯台登纹理，非常漂亮。这个特性被我翻译成第三段话：

> Muonionalusta，一颗历经亿万年时光雕琢的陨石，淬炼出独特的维斯台登纹，倾世风采，旷世无匹！

再往下是陨石与幻影的融合，按照陨石与太空元素含量的逻辑排布文章结构：嵌有 Muonionalusta 陨石的音量旋钮、钛金欢庆女神、"艺境藏珍"画廊（灵感源自云雀号太空火箭）、金色扬声器（灵感源自旅行者号探测器携带的金唱片），以及真皮太空座椅。

以下是完整版文案：

浩瀚宇宙的时光礼赞 | 劳斯莱斯幻影静享苍穹典藏版

天地始源

万物自化

遨游星际的天体

穿越时间长河

悄然降落地球

Muonionalusta

一颗历经亿万年时光雕琢的陨石

淬炼出独特的维斯台登纹

倾世风采，旷世无匹

劳斯莱斯将这至美太空纹路

演绎于幻影静享苍穹典藏版

嵌有 Muonionalusta 陨石的音量旋钮

配以精心打磨的抛光金色手柄

诉说着古老的时光传奇

散发耀熠光泽

汇聚万般精粹的钛金欢庆女神

优雅气韵，浑然天成

与无垠夜空珠璧交辉

崭露非凡魅力

受云雀探空火箭精妙设计的启发

幻影静享苍穹典藏版的"艺境藏珍"画廊

将太空元素融入奢华艺术

绽放撼世气度

"旅行者号"探测器携带的两张金唱片

成为金色扬声器灵感之源

精雕细琢的声学空间

营造天籁之享

极地白真皮太空座椅

配以别致的缎光木质饰板

与奢华座舱的金属光泽交相辉映

臻享星际之美

耀世经典

恒久璀璨

劳斯莱斯幻影静享苍穹典藏版

浩瀚宇宙的时光礼赞

整篇文案只有三四百字，却分了 10 节，结构清晰，字斟句酌，一一呈现劳斯莱斯幻影静享苍穹典藏版的灵感来源与设计亮点，精确勾勒出劳斯莱斯这款车型的气质。

活动篇

这篇文案写的是一场线下体验活动。

拜访香水工坊、欣赏私人演出、享受星级晚餐、鸟瞰大湖风光、参加古董车展、出席星光酒会、试驾劳斯莱斯……三天两夜的行程，每个环节都格调满满。

前面提到，翻译有四个标准：信、达、雅、简。

信，是信息准确。这篇文案的"信"，是让读者清晰地看出活动的每个环节的内容是什么，这个并不难。

达，是逻辑通顺。这篇文案的"达"，是行程路线的先后顺序，要让每个人都能看明白，在每一天的上午、下午、晚上分别做什么。

雅，是调性吻合。这篇文案的"雅"，是要让读者感受到活动的每个环节都很高大上，符合劳斯莱斯的气质，比如试驾环节，不能出现激情、强悍、澎湃这样的词汇，因为它们属于其他豪华车品牌，劳斯莱斯不会提这些性能层面的感受（尽管它在性能上已经无与伦比），而是会描述一种氛围，一种怡然自得的心境，这是翻译时要特别注意的。

简，是措辞简洁。七八个活动环节的描述，还要加上开头结尾，总共才四百多字，已经做到极简。

看起来这篇文案挺简单的，对吧？其实它最大的难点不在于以上四个方面，而在于用什么方式将每一天的行程串联起来？

三天两夜、第一天、第二天、第三天、早上、中午、下午、晚上、出发、结束……这些最能直观表现时间进度和活动流程的词语，一个都不出现。但是，又必须让读者一眼就能看出来每个环节发生在第几天，是上午还是下午。

怎么解决这个问题呢？

以下是完整版文案：

臻世之奢，至美之享｜劳斯莱斯意大利奢华之旅

当英式奢华魅力

邂逅意式浪漫风情

一段曼妙旅程翩然开启

魅力米兰

一场馨香馥郁的气味盛宴，揭开了奢华之旅的序幕。置身 Fueguia 香水工坊，与创始人朱利安·贝德尔探讨气味哲学。欣赏一段美妙的私人演出，倾心于指挥家米歇尔·甘博的精湛演绎。享用米其林星级餐厅的晚餐，感受珍馐美食带来的味觉饕餮。

私享旅程

尊贵的私人购物体验，开启全新一天的浪漫旅程。Villa Crespi 的精致午餐，诠释出佳肴美馔的真谛。阳光迷人的午后，乘直升机前往埃斯特庄园大酒店，自由翱翔于蔚蓝天际，一览科莫湖的壮美风光。

湖畔奢华

埃斯特庄园内星光熠熠，一场久负盛名的古董车展璀璨启幕。经典名车与至美园林交相辉映，移步异景，时光盎然。出席埃斯特庄园古董车展和颁奖典礼，于宾朋云集的奢华酒会感受星光礼遇。Villa Visconti 别墅的尊享私人晚宴，优雅惬意，毕生难忘。

优雅之享

迎着初升的和煦日光，劳斯莱斯驾乘之旅优雅启程。穿行于蜿蜒起伏的科莫湖畔，纵情领略沿途怡人风光。登上前往科马齐纳岛的快艇，沉醉于湖光山色之间。盛大的晚宴与璀璨的烟花，奏响这段奢美之旅的醉人终曲。

如上文所示，我用了一系列表示流程的句子，来揭示活动进度，比如"揭开了奢华之旅的序幕""开启全新一天的浪漫旅程""迎着初升的和煦日光""奏响这段奢美之旅的醉人终曲"。

如果把整场活动拍成纪录片，这些句子就相当于转场镜头，不露痕迹地衔接起不同段落。看过《航拍中国》的读者，可能会觉得这种写法有点熟悉，没错，这篇文案的风格，借鉴了《航拍中国》的解说词。

一集四五十分钟的纪录片，要介绍一个省份或一座城市的所有亮点，必须在有限的时间里，用简短的镜头完成一段叙事，然后跳转到下一场，有时从一个地点跳到另一个地点，有时从一个时间跳到另一个时间，这些不同的地点和时间，彼此并没有必要的关联，想要丝滑过渡，落笔时就要具备这种转场思维。

当你要翻译一篇品牌文案，却没有满意的思路时，可以试着从其他领域寻找灵感，比如电影、纪录片、文学，甚至音乐和美术作品，从这些被时间验证过的优秀作品里，找到某种共通的创作逻辑，并应用到你的文案写作上。

艺术篇

这篇文案讲的是劳斯莱斯和艺术家托马斯·萨拉切诺（Tomás Saraceno）合作的一个艺术项目，他从蜘蛛网中获得灵感，创作了一件体现微物质振动的作品。

创意简报的要求是：介绍这个艺术项目，体现它的非凡之处。说白了，就是让这件作品看起来神乎其技，并升华它的艺术价值和创作意义。

"托马斯·萨拉切诺的作品着眼于人类生活中不断变化的生态系统，用全新视角探究人与物质千丝万缕的联结。"这是劳斯莱斯官网对这个艺术项目的描述，但对于微信公众号文章，劳斯莱斯不会接受这么常规的写法。

介绍这种艺术项目，就像请读者吃一顿高规格的大餐，主打一种氛围和体验感，因此上菜顺序很重要：头盘、副菜、主菜、沙拉、甜点、热饮，不仅要做得精细，还得挨个儿端出来，乱了顺序，会破坏体验感。

头盘的意义是吊人胃口，这篇文案的头盘是什么呢？

我冥思苦想了两天，才想到了这 11 个字：

听，是谁在黑暗中翩然起舞。

这道头盘里有一个违背常识的悬念：舞蹈是用来看的，为什么第一个字用"听"？

谜底就在谜面上，因为这是"黑暗中的舞蹈"，人眼在黑暗中是看不见的，但舞蹈是有动作的，它有节奏，有声音，所以能被"听到"。

紧接着是副菜：

> 它拨弄着丝线上的微尘，仿若在创作一曲恢宏巨作。

这句话继续保持了前面的悬念：黑暗中的舞者是谁？它到底在做什么？文案虽然没有交代，但这里的配图是蜘蛛和网，暗示了这件作品的灵感来源。

随后，主菜上桌了：

> 从一个微不足道的起点，到一个盘根错节的世界，精妙而隐秘。空间浮动，交错碰撞，编织出一支曼妙的隐形芭蕾，当隐形芭蕾幻化成精密星云，万物之律从此被颠覆。从丝线微尘到星宇之网，一个不断变化的时空淋漓呈现。

这段话是对整件艺术作品的阐述，不仅用"隐形芭蕾"回应前文的"黑暗中翩然起舞"，同时也由点及线再到面，展现了一个以小见大的世界观。

任何一件艺术作品，都需要一个形而上的解释，沙拉的价值是锦上添花，是赋予艺术作品一种哲学意义：

> 在这片至美的浮动星系中，不同的感官与交流方式相互融合，演奏出物质和宇宙的隽美韵律，淋漓呈现人与物质世界，多层共存的微妙联结。

在一系列极具仪式感的饕餮之后，再端出甜点。在欧洲，糖曾经是非常奢华的食品，而甜点主要由糖所构成，所以宴请宾客的最高礼遇，就是在用餐尾声端出一份甜点，而对整个艺术项目的阐述，是这篇文章的甜点：

此次和劳斯莱斯艺术项目合作的艺术家托马斯·萨拉切诺，一直致力于对其艺术作品的创新性表达，不断突破想象力的穹顶，这与劳斯莱斯的定制理念不谋而合。对探索艺术世界的热忱，称为劳斯莱斯与世界当代艺术之间的桥梁，激励我们大胆突破技术和概念的边界，创作流芳百世的精妙杰作。

最后收尾的热饮，让人放松，并再次呼应开头：

闭眼倾听，宇宙万物咫尺可及。

想象一下，如果是其他品牌和艺术家合作，可能就把头盘和副菜都省略了，开席直接上主菜："近日，××品牌携手艺术家YY，打造了一件名为《ZZ》的作品……"

接着端出一份不讲究摆盘，或者将主菜和副菜混在一起的融合菜："艺术家坦言，他从蜘蛛织网的过程中获得了创作灵感，通过一根根细微震动的线条，编织出一个复杂的宇宙，寓意着人与物质世界相互共存……"

食材还是这些食材，换一种做法，效果就大不相同，后者的方式不能说错，只不过略显直白，没拿捏住腔调，让客人没了期待，不是劳斯莱斯的待客之道。

以下是完整版文案：

艺术｜混合暗夜中的隐形芭蕾

听

是谁在黑暗中翩然起舞

它拨弄着丝线上的微尘
仿若在创作一曲恢宏巨作

从一个微不足道的起点
到一个盘根错节的世界
精妙而隐秘

空间浮动，交错碰撞
编织出一支曼妙的隐形芭蕾
当隐形芭蕾幻化成精密星云
万物之律从此被颠覆

从丝线微尘到星宇之网
一个不断变化的时空淋漓呈现

在这片至美的浮动星系中
不同的感官与交流方式相互融合
演奏出物质和宇宙的隽美韵律
淋漓呈现人与物质世界多层共存的微妙联结

此次和劳斯莱斯艺术项目合作的艺术家托马斯·萨拉切诺，一直致力于对其艺术作品的创新性表达，不断突破想象力的穹顶，这与劳斯莱斯的定制理念不谋而合。对探索艺术世界的热忱，成为劳斯莱斯与世界

当代艺术之间的桥梁，激励我们大胆突破技术和概念的边界，创作流芳百世的精妙杰作

闲眼倾听
宇宙万物咫尺可及

说完文章调性，再说点题外话。

文案创作者脑袋里要时刻紧绷一根弦：什么是品牌该说的，什么是品牌不该说的，心里一定要有杆秤，要提高警惕。

大众传播是把双刃剑，好事传得快，坏事传得更快，一粒小火星，就可能点燃一颗舆论核弹，给品牌带来巨大的负面影响。

2020 年，我负责特斯拉的新媒体文案。有个周末，微信公众号突然推送了一篇文章，我一看标题，觉得大事不妙，点进去一看，显示文章已经删除。

当时特斯拉的文章几乎都是我来选题、构思创意切入点并设定逻辑框架后，再交给组内同事去写，但我并没有布置那篇文章，它在发布前也没经过我的审核。

我立即把标题截图发到工作群里，询问这是谁发布的，客户经理（account manager）说是甲方内部同事写的标题，文章发出去后，收到很多粉丝的留言抗议，他们说特斯拉作为新能源汽车的领导品牌，不应该说那样的话，因此文章很快就被删除了。

我至今也没看到那篇文章，但可以根据标题推测出，文章内容应该是体现特斯拉在绿色环保方面的优势，标题用了"绿"字作为颜色之外的另一层

含义，可能是想跟粉丝开个玩笑。然而，品牌不是个人，它的一言一行都受到全社会的监督，再小的失误都会被无限放大，绝不能跟公众开不符合品牌调性的玩笑。

总结一下

　　品牌调性虽然看似虚无缥缈，但只要掌握诀窍，就是有迹可循的。这个诀窍就是编纂《品牌可用词典》和《品牌禁用词典》，通过掌握关键词为品牌塑造边界。无论是品牌亮相或品牌升级的电视广告文案、大型广告活动的海报长文案，还是品牌微信公众号的日常文章，只要文案不踏足边界之外，就能保持品牌调性，品牌就不会翻车。

互动

　　选择一个你喜欢的品牌，为它列出五个可用、五个不可用的关键词，将这些关键词发到朋友圈并邀请其他人评论，看看你是否准确把握住了该品牌的调性。

第 8 章　翻译产品卖点

假如，你接手了一个新客户——庐山旅游局，他们准备拍摄一系列 15 秒的短视频，向全世界推荐庐山的独特之美，让你来执笔，你会怎么翻译庐山的风景？

以下是客户给的基础资料。

庐山，又名匡山、匡庐，位于江西省九江市。庐山东临鄱阳湖，北临长江，是典型的地垒式断块山，主峰汉阳峰海拔 1474 米。

庐山以雄、奇、险、秀闻名于世，被誉为"人文圣山"，古人命名过的奇峰有 177 座，群峰间散布冈岭、壑谷、岩洞、怪石、瀑布、溪涧、湖潭等自然景观。

庐山地貌景观较为特殊，是一种多成因复合地貌景观，由断块山构造地貌、冰蚀地貌、流水地貌互相叠加而成。晚白垩世，古鄱阳湖断陷盆地形成，庐山断块山的雏形也在此时期出现。直至新近纪的喜马拉雅造山运动晚期，庐山断块山才真正形成。

1982 年庐山被列为首批国家级风景名胜区，1996 年被列入世界遗产名录，2003 年庐山成为中华十大名山之一，2004 年入选首批世界地质公园网络成员之一，2007 年被评为国家 5A 级旅游景区。

翻译之前，应先消化资料，经过梳理，我们可以从以上材料归纳出四大类卖点，分别是：

（1）地理位置：东临鄱阳湖，北临长江；

（2）自然景观：冈岭、壑谷、岩洞、怪石、瀑布、溪涧、湖潭……

（3）独特地貌：多成因复合地貌；

（4）权威背书：世界遗产、首批世界地质公园、中华十大名山之一、首批国家级风景名胜区、国家 5A 级旅游景区。

卖点这么多，从哪里入手呢？

先看看古代 UP 主 [①] 们是怎么翻译的：

李白：《望庐山瀑布》

日照香炉生紫烟，遥看瀑布挂前川，飞流直下三千尺，疑是银河落九天。

这首诗画面感非常强，短短 28 个字，却涵盖了全景、中景、近景，特写、俯拍、仰拍多个机位视角，将一条瀑布描绘得气势磅礴，不愧是诗仙。

苏轼：《题西林壁》

横看成岭侧成峰，远近高低各不同，不识庐山真面目，只缘身在此山中。

---

① 即 uploader，是网络流行词，指在视频网站、论坛等上传视频音频文件的人。——编者注

这首诗仿佛一组航拍与特写镜头的交叉剪辑，通过层峦叠嶂的山脉和行走在山林中的脚步，展现庐山的雄伟与秀丽。

白居易：《大林寺桃花》

人间四月芳菲尽，山寺桃花始盛开，长恨春归无觅处，不知转入此中来。

相比前面两首诗，白居易的这首诗显得更加婉约，更像一个手持镜头拍摄的日常 vlog[①]，利用桃花、寺庙、僻静的山谷几个元素，营造出一种岁月静好的古典气质。

李白推荐瀑布，适合拍照打卡；苏轼推荐地貌，适合航拍爱好者；白居易推荐山寺桃花，适合春游度假。这些 UP 主们分别从标题、内文、切入角度、主打卖点几个方面，为大家做了很好的示范。

从这些作品中，可以总结出两条结论。

第一条：切忌贪多。

任何一种产品，都不止一个卖点，作为品牌主，你当然希望消费者能详细地了解产品，并像你一样喜欢产品，于是你就想一股脑儿把你知道的都倾倒给他们……

可你看看上面的案例，即便是李白、苏轼、白居易这些流芳百世的大诗人，他们在一首诗里也只能描绘庐山的一个侧面，你的创作能力难道比李白还厉害吗？

换个角度想一想，如果皇帝给李白下创意简报，强行让他在一首诗里塞

---

① vlog 是博客的一种类型，意思是视频记录，这类创作者被统称为 vlogger。——编者注

进五个景点地标，而且每一个景点都要有花里胡哨的介绍，那么这样写出来的诗还能读吗？还能流传到现在吗？

所以，千万不要妄想在一条短视频、一张海报中，把所有卖点都罗列上去（微信公众号文章里可以这么尝试），大而全往往意味着平庸，就算你说得精彩纷呈，大脑也记不住。

当你手握让他人创作创意简报的权力时，千万别做昏君。

我认为最好的方式是，先翻译一句可以涵盖整个广告活动的大主题或广告口号，再具体到单条视频，一次说透一个卖点，既短小精悍，又令人印象深刻。

第二条：通俗易懂。

客户交给广告公司的资料，通常是直白的描述，充满了晦涩、无聊的行业术语，就像地里刚挖出来的人参，沾满了泥土杂物，只有你把它们洗干净，切成片，装进盒子里，才能卖个好价钱。

文案创作者要做的事也是这样：先删掉资料中对消费者无意义的信息，再按照某种逻辑梳理出消费者会为之买单的信息，最后将这些复杂的、专业的话术，翻译成生活化的、通俗易懂的卖点。

比如你感冒了，去药店买药，服务员不会跟你说："你这种情况是鼻腔黏膜受到刺激，分泌出过多的组织胺，导致流涕、打喷嚏等症状，你需要通过服用抗组织胺药物阻止组织胺的释放，从而减轻这些症状。"

她会告诉你："发烧流鼻涕，就喝感冒灵。"

不管是广告公司的文案创作者，还是小微品牌的创业者，平时接触最多的就是卖点海报、卖点文章和热点内容，怎么翻译好这几种形式的文案呢？接下来我将具体分析这几种形式的文案。

8.1 卖点海报

创意简报 1：为 ×× 车型创作一张海报，体现它卓越的隔音效果。

如果说画面是海报的长相，那么标题就是海报的灵魂，标题吸引人，海报就成功了一半，怎么把技术语言翻译成消费者语言呢？

甲方思路型文案会这么翻译：降噪技术升级，乘用级静谧感受。

秀肌肉型文案会这么翻译：多重吸音隔音材料，让噪声无处可进。

优雅型文案会这么翻译：隔绝城市喧嚣，私享静谧时光。

还有永远不会缺席的谐音梗型文案：开启人生新"静"界。

这些文案是大部分海报常见的翻译手法，看似什么都说了，其实也确实什么都说了，只是说的没意思。

安静是一种相对的感受，它是抽象的，而以上标题全都用感受去形容感受，这就让消费者无法获得真正的感受：这款车到底有多安静？

想让消费者直观感受到抽象卖点，我认为最佳方式就是给出一个具象标准，如利用生活中常见的或者消费者熟悉的事物作为参考，他们会更有代入感。

上面那个创意简报，大师级的文案是这么翻译的：

时速 60 英里时，这辆劳斯莱斯车内最大的噪声来自它的电子钟。

这句文案出自广告之王奥格威，但其实他也不是原创，原作者是某汽车杂志的编辑，他在试驾劳斯莱斯之后写了一篇文章，在文中打了个这样的比喻，恰好奥格威看到了这篇文章，于是把这句话"偷"来做标题。

如果你是一位服务汽车品牌的文案创作者，就应该多去看车评人的评测视频，因为你从中可以找到很多很好的文案素材，那些直观的印象和真实的驾驶感受，是坐在电脑前的文案创作者很难获得的第一手经验。

创意简报 2：为某音乐播放器创作一张海报，体现它的内存容量之大。

普通文案创作者可能会这么翻译：小身板，大容量。

有几年经验的文案创作者可能会这么翻译：把你喜欢的音乐，随身携带。

大，也是一种相对概念，"容量大"的对比对象，不是它的身材、颜值，而是其他同类产品的容量，人人都可以说自己大，但是口说无凭，你得拿出能够证明自己确实够大的标准。

上面这个创意简报，大师级文案是这么翻译的：

把 1000 首歌装进你的口袋。

大容量到底是多大？ 1GB 能存多少首歌？ 喜欢的音乐是多少？ 这些都是模棱两可的表述，但 1000 首歌是个很明确的标准，也是其他品牌当时达不到的标准，对于大多数人而言，这个存储量绝对够用了。

好文案，要学会用具象标准描述抽象卖点。从某种程度来说，具象标准就是说人话，"时速 60 英里时，这辆劳斯莱斯车内最大的噪声来自它的电子钟""把 1000 首歌装进你的口袋"，都是我们在日常生活中会脱口而出的话。

但是，具象标准并不只有说人话这一种形式，也不是只有消费品才能用这种表达方式。很多刚入行的文案创作者会觉得，如果给奢侈品或别墅豪宅写文案，为了保持高端豪华的品牌调性，没法说人话。

是这样吗？

十多年前，我从事房地产广告不久，那时公司人手不够，总监指定我去负责某别墅项目的文案，这个项目在北京北五环外，建筑形态为独栋别墅，单套总价在 3000 万 ~ 4500 万元，在当时的楼市环境里，算是顶级项目。

十几年前的房地产广告文案，已经形成固定套路，写圈层必有"层峰""贵胄"，写园林必有"皇家""纯正"，写庭院必有"私享""如院以偿"，写配套必有"环伺""一站式满足"之类。

那时移动互联网刚刚诞生，新媒体还不成气候，房地产广告的投放渠道依然是报纸杂志等传统媒体。为了提高项目声誉，客户准备投放一波报纸广告，我年少气盛，为了赢得客户认可，决定赌一把，换了一种生活化的写法，给圈层、园林、庭院、配套等卖点写了一份系列文案。

卖点一：圈层

同行的版本：

标题：汇聚层峰人士，开启高阶人生

内文：与高知者为邻，与卓越者同步

能花几千万买别墅的人，大都不普通，不是哪家公司的老大，就是某个行业的大佬。但小区不是商务区，是生活的地方，不管外面有多少人捧着你，回到小区，每个人都是平等的，人与人之间只有一种关系：邻里关系。

不管多大的老板，当他跟邻居打招呼时，都会回到自然人的状态，不可能时刻抱着"我是层峰人士"的心态生活。试想一下，两个人在小区里遛弯时打招呼，张嘴便问："吃了吗，层峰人士？"即使是开心麻花的编剧，也不敢写这样的对白。

当然，生活在这里的人确实配得上"层峰人士"这样的定位，只不过在广告里，我们要尽量避免过于直白的土豪式翻译手法。要霸气，但不要金光闪闪的霸气，而要不动声色的霸气。

我是这么写的：

标题：不是巨头，不聚头

内文：第一次碰面的邻居，早在电视上就认识了

文案的措辞代表了别墅的气质，别墅的气质代表了业主的审美，没有人喜欢被当作土豪，尤其是在花了几千万之后，所以文字要"雅"。

卖点二：法式园林

同行的版本：

标题：纯正法式风情园林

内文：国外大师匠心打造，奢享皇家园林盛景

"纯正法式风情园林"不是翻译，而是从客户给的资料里搬运出来的，搬运资料的前提是，原文已经是消费者语言了，不需要再加工，但这句话显然不是。讲道理时可以有一说一，但写文案尤其是写标题时，有一说一就太无聊了，让人没有继续阅读的欲望。

"皇家园林"是想传达园林级别很高的信息，但是全世界有很多皇室，大

国皇室和小国皇室的规格完全不一样，所以皇家园林的盛景究竟有多壮观，消费者心里并没有定论。

我是这么写的：

标题：不在国外，在窗外

内文：17世纪凡尔赛宫的园林，已经搬到你家窗前

前面说了，抽象卖点要有具象标准。文案要在消费者心里植入一把尺子，我们把卖点告诉他后，他会自己去衡量这个卖点的含金量。

在这则文案里，"17世纪凡尔赛宫的园林"就是一把尺子。

卖点三：庭院生活

同行的版本：

标题：私享庭院，生活大境

内文：赠送超大独家院落，三代人的悠然生活

很多独栋别墅都会赠送庭院，要写庭院，就不能只写庭院，要勾勒一副动态的生活画卷。海报是需要配图的，写文案时要考虑美术同学的难题：画面是什么？

"私享庭院"的画面，一定是个静态的院子，"三代人的悠然生活"虽然赋予了更多元素，但也带来了新的问题：三代人在画面里干什么？是一起做某件事，各玩各的，还是傻傻地排成全家福站位看着镜头？

我是这么写的：

标题：不谈生意，谈春意

内文：前庭后院，繁花争放，在家就能陪孩子踏春

我翻译这个场景的时候，给出了一个清晰的人物关系和场景：亲子、踏

春。在这张生活画卷里，庭院是背景，花草、蜻蜓是点缀，主角是"亲子时光"。

免费赠送、空间大、能容纳多少人，这些都不是庭院的真正价值所在，而"和生命中最重要的人在这里共度美好时光"才是。

卖点四：周边配套

同行的版本：

标题：奢享丰盛贵胄生活

内文：三大购物中心环伺周边，高端购物一站式满足

那个别墅附近确实有好几个商场，但是距离都不近，况且这些业主经常出没高端场所，没必要在他们熟悉的领域给他们推荐。再说了，大部分文案创作者并没有体验过亿万富翁的生活，我们认为的高端，可能人家根本看不入眼。

所以我决定让文案回归生活本真。

在做项目调研时，我发现附近村子有个早市，每天早上，很多小贩和农民在这里摆摊，有新鲜的蔬菜水果、干果炒货等日常物资，比去超市更方便，也更有意思。我还见过一位业主兴致勃勃地逛早市，跟鱼贩砍价，两人聊得挺开心。我从没见过哪个老男人在高端商场购物时，有那种纯粹的、不设防的快乐。

我是这么写的：

标题：不逛股市，逛早市

内文：新鲜果蔬的晨间 Party，步行 10 分钟就能抵达

能让业主逛得开心的地方，才是真正的购物中心，才是他会自愿参加的Party。

以上文案中，我扔掉了房地产广告里常见的奢华词汇，通过一些关键词：巨头、国外、生意、股市，指代业主身份级别，然后利用邻居、窗外、春意、早市等每个人都熟悉的意象，勾勒出一个个惬意的别墅生活场景。

这些生活化的瞬间，是深藏在中国人骨子里的共识。

我翻译这套海报标题的灵感，来自一位北京的老哥。

这位老哥五十出头，仪表堂堂，年轻时是个大帅哥，当过演员，开过公司，为人豪爽，出手大方，20世纪90年代就赚了几百万元。

他身边的发小和哥们，有的在日本做生意，有的移民澳大利亚。有时候他们回国聚餐，老哥就会叫我过去玩。他们的车子看起来很普通，却配了专职司机。他们还带我去长安街的私人会所品酒。

我印象最深刻的，是一次家宴。当时老哥一个已经移民的发小回北京，他又叫我去吃饭，那次我们没有去外面的餐厅，而是去他发小位于鸟巢附近的家里。

老哥问我有没有吃过老北京炸酱面，我说吃过，但很少吃（我是南方人，不爱吃面食），老哥说，今天让你尝尝真正的老北京炸酱面。

我们在小区楼下小超市买了那种沾满面粉的现做面条，又买了一些黄瓜、青豆、大葱、酱料、肉末。上楼后，老哥让我坐着休息，他和哥们在厨房一顿忙活，依次端出面条、肉酱和配菜……说真的，我从来没吃过那么好吃的炸酱面，一贯饭量很小的我，那天中午吃了两碗，以至于之后再也没吃过饭馆里的炸酱面，怕差距太大会失望。

　　老哥那位发小身价好几亿，老婆孩子都在国外，他也去国外生活了一段时间，因为朋友都在国内，没人聊天，后来觉得太无聊，就又跑回来了。

　　我本来跟他没有交集，感谢那位老哥，我才有机会接触到那个圈子。近距离观察他们的生活后，我发现他们虽然很有钱，但并没有像影视剧里展现的那样穷奢极欲。

　　他们有阔绰的、讲究的一面，但在日常生活中，他们跟普通人没什么太大区别，并没有一身奢侈品行头、出门开劳斯莱斯；没有顿顿都吃法国鹅肝，喝 1982 年的拉菲，也没有在饭桌上聊几个亿的大项目。他们也会买菜做饭，也喜欢跟朋友闲聊，吃几十块钱的炸酱面也会很高兴。

　　当然，我接触的富人样本有限，他们的生活方式不代表其他富人的，但是我想，人性总是共通的，没人不喜欢戴高帽，只要你选对了尺寸和款式，对于高端品牌来说，文案含蓄地高级，委婉地霸气，总不会是错的。

　　后来不管服务多高端的品牌，翻译文案时，我都会告诉自己，不要去仰望某个群体，他们也是人，也有喜怒哀乐，也跟我们一样吃喝拉撒。跟他们坐在同一张圆桌上沟通，才能翻译出他们认可的文案。

　　客户看到这个系列文案后，非常喜欢。遗憾的是，由于临时改了预算和排期，这个系列海报最终没有投放，但客户不想浪费创意，最终把它们改成了折页。

　　再分享一个快消品案例。

　　有个朋友是卖牛排的，中秋节搞活动，在朋友圈发了一张促销海报，我估计是老板自己写的，内容及排版大致如下：

共飨家宴 悦启金秋

品质精选　恭迎品鉴

［中秋199礼］

天山雪牛牛排3袋

嫩肩牛排　500克　　　（3片/份）
里脊/西冷牛排　540克　　（4片/份）
牛肉粒500克　　　（250克/份×2份）

赠　纯黄油4盒　（7克/盒）
黑胡椒汁12包　（10克/包）

根据这张海报的文案，我们可以大致反推出它的创意简报：

目的：中秋节促销

优惠：199 元超值购

产品：天山雪牛牛排 3 袋

赠品：4 盒黄油和 12 包黑胡椒汁

以上就是文案创作者拿到的信息，至于客户群体是谁，我们无从获知，至少海报文案没有表明它的客户群体，但从"家宴"二字可以推断出，它应该是想卖给家里负责做饭的那个人。

这张海报都有哪些问题呢？

首先，缺失品牌标志。

这是个非常严重的问题。哪怕你是个体户，只要你长期做这个生意，就要有品牌意识，品牌标志和品牌名字是必要的，如果你不想花钱请专业的设计师，那么上网找个模板套用也可以。否则你的产品再好，价格再优惠，你做的都是一次性生意，当客户下次想买的时候，根本不知道要找谁。

其次，没有产品图。

卖食品一定要上图片，这是最能激发消费者购买欲的元素，就算没钱或没条件实拍，你找几张示意图也可以。你也别说那我多发几张图，假设这张海报全是文字，其他都是牛排照片，如果有朋友想帮你转发，人家是保存一堆图片还是一张图片更方便？要降低传播门槛，就要时刻为他人制造方便。

再次，逻辑混乱。

海报的核心信息是中秋优惠，但排版并没有突出重点，大标题、折扣价格、天山雪牛牛排 3 袋在视觉上看不出优先级，三者挤在这个小小的版面上，都拿着大喇叭乱喊，消费者不知道听哪个是好。

最后，措辞不准。

由于海报版面有限，因此每个文字都要有的放矢，而这张海报副标题的八个字都是废话；主标题除了家宴二字表明了场景，剩下的六个字也没什么价值；"中秋 199 礼"更是一句没说完的话；最后，卖家连个联系方式都没留。

文案翻译四大标准：信、达、雅、简，这张海报文案一个都没满足，却犯下了一堆传播大忌，且条条都是致命伤。

还是这个创意简报，下面我试着重新翻译一版。

首先，增加品牌视觉标志。

假设这个老板自己就是养牛的，那我暂且称呼他为"老张"，品牌名字要符合他朴实的人设，可以叫"养牛的老张"。品牌视觉标志就把品牌名字做成艺术字体，"牛"字可以用雪牛图片代替，看起来更有代入感。

其次，加上产品图。

找一张雪牛牛排的照片，最好是近景照或特写照，照片要突出牛排的纹理和肉质，让人看着就有食欲，并把这张照片放在海报最中间位置。

再次，调整主次关系。

以牛排图片作为中心，从上往下分别是：品牌视觉标志、主标题、副标题、牛排图片、雪牛特色卖点、产品规格、赠品、联系方式。主标题要开门见山，突出"中秋"和"牛排"，原版副标题全部删掉，换成"199元"这个信息。

最后，翻译主副标题的措辞。

吃牛排并不是传统中秋习俗，那为什么家庭聚餐时要吃牛排呢？我觉得是因为它可以调节聚餐氛围，可以带来话题和欢乐，跟可乐的意义是一样的。如果没有国外生活经历，一般上了年纪的中国人是很少吃牛排的，主要是小朋友和年轻一代喜欢，他们吃得高兴，全家自然都高兴，可以把这个场景翻译成主标题：

中秋吃牛排，全家都开怀

有了食用场景，副标题就要开始推销了。如果中秋要吃牛排，我可以去超市买，可以上网买，那为什么要买你老张的牛排呢？"中秋199礼"就是理由，但是这个理由不具体，你得让消费者清楚知道，这是我们为中秋特别定制的套装，里面包含牛排和牛肉粒，非常适合家宴享用，我把这个信息翻译成：

⟩　　　　　199 元中秋家宴定制套装

原海报中"天山雪牛牛排 3 袋"这句话，也没有意义，因为下面的三行包装规格已经说明了这一点，而整张海报中还没有任何能够体现"天山雪牛"特殊优势的信息，因此这个小标题需要完成这个任务。我上网搜索了一下，发现雪牛主要生活在海拔 3000 米以上的牧场中，环境决定肉质，这可不是普通牧场能比的，我把这个优势翻译为：

⟩　　　　　天山雪牛：海拔 3000 米的自然原味

经过调整，这张海报的最终内容是这样的：

在这张海报里，你至少可以清楚获知以下信息：品牌主是谁，产品是什么，产品有什么特色，有什么优惠，怎么购买，等等。

我想在这里说明一下，我并非专业设计师，所展示的海报内容及排版仅用来示意文案内容和结构逻辑，还请各位宽容以待。

8.2　卖点文章

当品牌推出某款新产品，需要用一篇文案介绍它的卖点时，怎么把那些行业术语或特色功能翻译成消费者语言呢？

大体可以分为四步：

（1）开头点明这篇文案的主题是什么，文字调性要与主题风格相吻合，是时尚的、古典的、柔和的，还是华丽的、科技的、动感的，开篇几句话就要塑造出相应的品牌调性。

（2）如果行业术语不是必须出现的，那么可以通过比喻的修辞手法让消费者更轻松地理解；如果行业术语是专有名词，不能加以修饰或用比喻的修辞手法加以解释，则要在术语后加一些描述，让消费者清楚知道它们能给自己带来什么利益。

（3）为文章设置一条隐形逻辑线，要么根据产品功能的重要性排序，要么根据消费者所关心的产品功能的主次排序。总之，文章先说什么后说什么，必须有明确的理由，不能想一出是一出。

（4）结尾要呼应开篇或主题，在气势上要稳住，不能虎头蛇尾，头重脚轻，最好能与消费者进行互动，不管是参与评论还是点击购买链接，有了互动后，品牌在消费者心中的印象就会进一步加深。

我用一篇之前为运动品牌哥伦比亚（Columbia）写的徒步鞋文案作为案例，大家可以看看我是如何将一份介绍产品卖点的资料变成一篇微信公众号文章的。

最初的介绍产品卖点的资料是这样的：

【HATANA 防水徒步鞋资料】

写的时候，一定要结合"老虎"的元素，可以多用老虎的特点打比方。

（1）主题："虎为山君"——老虎：山间的主宰

突出老虎与户外的连接和设计，尤其是虎爪的全地形抓地力

（2）整体逻辑

①"虎为山君"+设计上老虎元素的亮点切入

②抓地性：橡胶配方+钉纹细节

③防水性：OutDry™ 防水透气

④其他特色：NAVIC FIT SYSTEM 中足锁定系统、环保鞋垫

⑤过渡提到，其他没有虎纹配色的款式，也有相同的功能

（3）关于抓地力

Adapt Trax™ 自适应防滑技术

全新升级橡胶配方+六角钉纹设计

①橡胶底配方升级，脚感偏软，在湿滑的地面有更强的抓地力

②六角钉纹增加了鞋底接触面；鞋底凹槽提供多向抓地力；外边缘钉纹进一步增加稳定性；鞋头的小波浪设计，在攀爬有一定坡度的地形时，可以提供更有效的摩擦抓地力；后跟的钉纹设计可以增加着地稳定性，中间的长条形凹槽便于排出淤泥等异物

③鞋底纹路的整体方向遵循人行走的自然步态行进路线

（4）关于 OutDry™

立体轻盈防水技术，将防水薄膜立体铸合于鞋面织物内侧，与鞋面"无缝"连接，形成强力防水保护层，有效阻隔水滴渗入

（5）关于中足锁定系统

稳定包裹，徒步下坡时脚容易向前冲，锁定之后脚不容易撞到鞋头

（6）Techlite+、环保鞋垫：见演示文稿资料，简单带过

我合作过的客户经理，大部分都很专业，准备工作会做得很细致，哥伦比亚项目组的客户经理也不例外。像这类推荐产品的文章，他们经常会先梳理出文章结构，再附上相关资料和卖点，帮我省下了很多时间。

最终的微信公众号文章是这样的：

虎为山君

粗犷山峦，暗藏重重考验

HATANA 防水徒步鞋

"虎为山君"限定款重磅登场

"虎步一迈"，世界为你打开

以虎之名

丛林隐秘，虎王伺机而出

源自虎爪、斑纹的设计灵感

后跟、鞋领乃至鞋垫的独特设计

步步生威，傲视山林

虎步生风

砂砾湿地，各种地形无处不在

有虎爪加持才足够稳妥

Adapt Trax™ 自适应防滑技术

以全新升级的橡胶鞋底配方定制六角钉纹

遵循人体自然步态方向的鞋底纹路

抓地效率大幅提升

以王者之威，定大地之稳

鞋头小波浪形状设计

提升攀爬坡度地形的摩擦系数

鞋跟凹槽设计，提供多向牵引力

更便于排出淤泥异物

步步为印

如虎添"衣"

暴雨泥泞神出鬼没，山君自有对策

OutDry™ 立体轻盈防水技术

将防水层立体铸合于鞋的内壁
配合热压技术让鞋的内壁与鞋面层合二为一
有效阻挡水分渗入及避免细沙积聚于鞋内
保持轻盈，减少负重
虎年更要"干"劲十足

一虎当关

碎石、沙子、凹坑、枝横遍野
就让户外考验来得更猛烈一些吧
NAVIC FIT SYSTEM 中足锁定系统
稳定包裹，让步伐四平八稳
Techlite+ 升级轻盈缓震中底
搭配环保鞋垫
带来出色的能量回弹与透气性
一虎当关，万难不惧

更多款式

除了"虎为山君"限定款
HATANA 还推出了无虎纹设计款
科技与设计的巧妙组合
带来与限定款相同的徒步体验

虎为山君，傲视山林

穿上 HATANA 防水徒步鞋

视崎岖若等闲

再多坎坷，亦如履平地

加入 COLUB 俱乐部

享会员惊喜福利

戳这里进入"COLUMBIA 官方商城"小程序

授权手机号立即领取

　　第一段开场白，"粗犷山峦，暗藏重重考验"奠定全文气质，让人知道"HATANA"这款防水徒步鞋的适用场景，紧接着点出主题"虎为山君"。

　　第二段解释这款鞋的创作灵感，小标题叫"以虎之名"；第三段介绍核心卖点：鞋底的自适应防滑技术，小标题叫"虎步生风"；第四段介绍保护鞋面的立体轻盈防水技术，小标题叫"如虎添'衣'"；第五段介绍中足锁定系统，它让鞋身保持稳定，小标题叫"一虎当关"；第六段一笔带过还有其他款式；第七段是内文的收尾，保持住整体气势，主题上再次回应开篇；最后是行动号召，呼吁大家领取福利，这个通常是固定内容，会插入每篇文章结尾。

　　每一段的小标题不仅全部带"虎"字，还能涵盖下文的主要内容。内文每一段都紧扣关键词，比如傲视山林、伺机而出、王者之威、步步为印、如履平地等，在翻译卖点的同时，稳住文章整体的"虎王"气势。

　　2020 年，我担任特斯拉的新媒体负责人。

　　我的主要工作是和客户经理一起商讨每个月的内容排期和选题，一般流程是这样的：客户经理先根据客户的重要时间节点安排内容，比如品牌新闻、传统节气、热点节日等，然后剩下的档期安排固定栏目，比如车主故事。如果还有空档，我们就自己挖掘一些有意思的创意去填空。

档期确定之后，我会为每篇文章找到合适的创意切入点，规划好文章的整体结构逻辑，再将其交给另外两个负责执笔的文案同学去撰写。当我忙不过来或者没有灵感时，他们也会提出一些新想法、新形式，大家一起把内容做得更好玩。

担任特斯拉的新媒体负责人一段时间后，我觉得老是写车型卖点，有点太无趣了。正好当时我做了很多功课，挖掘到了一些以前没用过的材料，于是开辟了一个新栏目：特有趣，专门分享特斯拉鲜为人知的功能或幕后故事。

特斯拉系统中有个隐藏彩蛋，其设计灵感来自科幻电影《回到未来》（*Back to the Future*）。按照提示操作，车机系统会显现出电影主题。

电影《回到未来》讲述了一个穿越故事，我也想让这篇文章穿上"穿越"的外衣。因此，我把这个想法构思为《欢迎来 1985 年找碴儿》，下面是我最初的构思方案。

【特有趣】

11.19《回到未来》彩蛋

文章主题

《欢迎来 1985 年找碴儿》

创意洞察

特斯拉的系统中隐藏了一系列有意思的彩蛋，这一篇以经典科幻电

影《回到未来》为主题，以"找碴儿"的形式邀请车主和粉丝来发现这些彩蛋

文章结构

全篇设计借鉴电影《回到未来》的风格：

开篇：欢迎来到 1985 年，您已预约 1955 年的服务，接下来的旅程中，请留意"关键数字"，并解开隐藏其中的秘密……

中间：通过影片中出现过的时间和地点等信息，大概展示电影情节，给每个数字或关键词设置点击按钮，点击后出现彩蛋奥秘

如：软件版本为"1985.43"，点击后解释谜底：这个数字代表 1985 年的第 43 周

结尾：告知车主开启这个彩蛋的步骤

结尾互动：你最喜欢《回到未来》的哪个细节

负责执笔这篇稿子的文案同学看到后，觉得让车主直接解锁那些关键数字，有点干巴巴的，不够有趣，她提议再植入一点故事情节，比如抱着见证父母爱情的八卦之心回到过去，本想撮合父母在一起，结果年轻的母亲爱上了自己，为了不破坏原有时间线，主角需要再次穿越……

故事虽然老套，但却让文章有了血肉，打怪升级的穿越过程，不仅让人更有代入感，还顺理成章地插入了各种数字和单词，漂亮地完成了工作任务。

文章里有很多互动设计，光看文字感受不到，我在这里就不贴文案了，感兴趣的同学可以去特斯拉的微信公众号搜索标题，阅读原文。

8.3　热点内容

每逢节假日，品牌都要追热点，可是产品卖点就那么几个，翻来覆去地从各种角度，翻译了几百上千个版本的稿子，还能玩出什么新花样呢？

在广告公司上班的每个文案创作者，都会遇到这个问题。

我的经验是：解放大脑，跨界思考。

不要自己冥思苦想找灵感，前辈们说了：广告就是"旧元素，新组合"，说白了，就是换点佐料炒冷饭，只要你会挑，万事万物都可能成为你的佐料。

2020 年国庆节，特斯拉客户对我们提了一个要求：每天都要发内容。

这个创意简报有两个问题：一是发什么？二是怎么发？

第一个问题很好回答，肯定是产品卖点嘛，我把特斯拉的独特销售主张（USP）做了个汇总，从中提炼出了七个跟国庆假期相关的卖点。

（1）空间大（前备箱＋后备箱）；

（2）够安全（摄像头 360 度监控）；

（3）视野好（玻璃全景天窗）；

（4）加速快（百公里加速仅 3.4 秒）；

（5）防撞强（车身经过高强度碰撞测试）；

（6）充电快（15 分钟补充 250 公里续航）；

（7）电桩多（遍布全国的充电桩网络）。

第二个问题不好回答，它涉及的是翻译形式。如果只是把这些独特的销售主张简单罗列一遍，那跟其他文章没区别，为了逼自己想出不一样的内容，我给这个系列稿设置了三个标准：

（1）标题去广告化

因为发布日是在假期，没人会去看广告，所以标题不能出现任何与产品功能相关的词语，要做一波品牌情感向的沟通。

（2）内文海报化

简明扼要，点到即止。对于一个独特的销售主张，只需要一张海报：标题、内文，以及几句阐述功能点的随文，拒绝长篇大论。

（3）内容体系化

文章标题和海报内文要形成上下文关系，标题和标题之间最好也要有关联性。

当时，我最喜欢的导演之一克里斯托弗·诺兰（Christopher Nolan）刚推出新片《信条》，该片的英文名为"TENET"，这个单词的结构很特殊：不管是从左往右读，还是从右往左读，都可以成立。电影的故事情节和叙事方式，也遵循了这样的结构。

中国也有句类似的话："上海自来水来自海上"。

早在 2014 年，我给某楼盘写过一组围挡文案，就用了这种结构。

紧挨着围挡的那条路是南北走向的，路人可能从南往北走，也可能从北往南走。我希望他们在经过围挡时，无论朝哪个方向，看到的文案都不是孤立的，而是可以互为上下文，连在一起是一段完整的话。

这种创作手法，同样适用于特斯拉国庆节七天的热点文案。

每天一个标题，一个标题一句话，标题与标题之间有关联性，七个标题连起来是一段话，这段话不管从前往后读，还是从后往前读都能成立；同时，标题和内文又要形成上下文关系；最后，内文还得跟卖点相结合，作为随文中硬性卖点的软性输出。

三个难点，三层枷锁，戴着这样的镣铐，我开始了表演。

10月1日讲空间

标题：因为有你陪我同行

内文：喜欢的都可以带上

功能点：

Tesla 拥有前备箱和后备箱

Tesla Model S 高达 804L 超大载物空间

为出行空间提供极大的灵活性

轻松装下你的所有旅行清单

10月2日讲监控

标题：今年的假期很美

内文：谁说开车就不能看风景

功能点：

前置、侧方和车尾摄像头

带来 360 度超大视野

时刻观察车辆周围状况，从容驾驶不慌张

10月3日讲全景天窗

标题：看白云朵朵，看繁星闪烁

内文：眼前有个大世界，头顶也有个大视界

功能点：

Tesla Model 3 全景玻璃车顶

打造明亮舒适的乘车体验

伴你共览天高云起

探索无垠广阔天地

10 月 4 日讲百公里加速

标题：心情随时都要飞起来

内文：每次起步，都快人一步

功能点：

Tesla Model 3 百公里加速仅为 3.4 秒

车速最高可达 261km/h

带来"飞"一般的感觉

10 月 5 日讲混合金属车身架构

标题：有了你给我的安全感

内文：就像穿上了最厚的铠甲

功能点：

Tesla 高强度碰撞保护车身架构

采用钢铝混合金属材质

保证车身结构的高强度

做守护你安全的"钢铁侠"

10 月 6 日讲超级快充

标题：旅途再遥远又如何

内文：就算累了，也能快速满电复活

功能点：

Tesla V3 超级充电桩，最高 250kW 充电功率

在峰值功率环境中，Model 3 充电 15 分钟最高可补充约 250 公里的续航里程

10 月 7 日讲充电桩网络

标题：最重要的，是和你一起

内文：你想去的地方，我都在

功能点：

Tesla 充电桩已在中国（不含港澳台）

覆盖约 90% 的人口密集城市

超级充电站数量已突破 463 个

搭配超过 2000 个目的地充电桩

只要你需要，我就在

七个标题连在一起，是一首诗：

因为有你陪我同行

今年的假期很美

看白云朵朵，看繁星闪烁

心情随时都要飞起来

有了你给我的安全感

旅途再遥远又如何

最重要的，是和你一起

反过来读，也同样成立：

最重要的，是和你一起

旅途再遥远又如何

有了你给我的安全感

心情随时都要飞起来

看白云朵朵，看繁星闪烁

今年的假期很美

因为有你陪我同行

这组文案发给客户后，一字未改，一稿通过。

这是特斯拉写给车主的一首情诗，也是车主说给坐在副驾的人听的情话。

我私下给这段话取了个标题：真感情。这个标题也可以反过来读：情感真，都是我的创作初衷。

品牌有无数机会向消费者推销产品，但在节假日这种时候，没必要生硬地推销，可让产品暂退幕后，让情感站会儿主位，以情动人，这样品牌才能走进粉丝的心。

总结一下

广告行业也分不同派别，有人认为，推销就是重复，就要直白，不要兜圈子，产品卖点是什么，文案就说什么；也有人认为，推销是门艺术，要让人买你的东西，首先要让人喜欢你，要让文案先赢得消费者的心，再向他们介绍产品。

我认为，这些理论都没错，至于哪种方式最有效，要具体问题具体分析。品牌调性、广告载体和推销目的不同，决定了文案的表现手法也不同。比如，品牌形象海报和电商详情页的文案，必然需要采用两种不同的翻译手法。不要因为自己擅长或喜欢某种文案风格，就瞧不上甚至诋毁另一种文案风格。评判文案好坏的标准，不是文采，而是效果。

互动

用具象标准描述抽象卖点。给你喜欢的产品选出一个明显的卖点，并用这种方法为它翻译一篇海报文案。

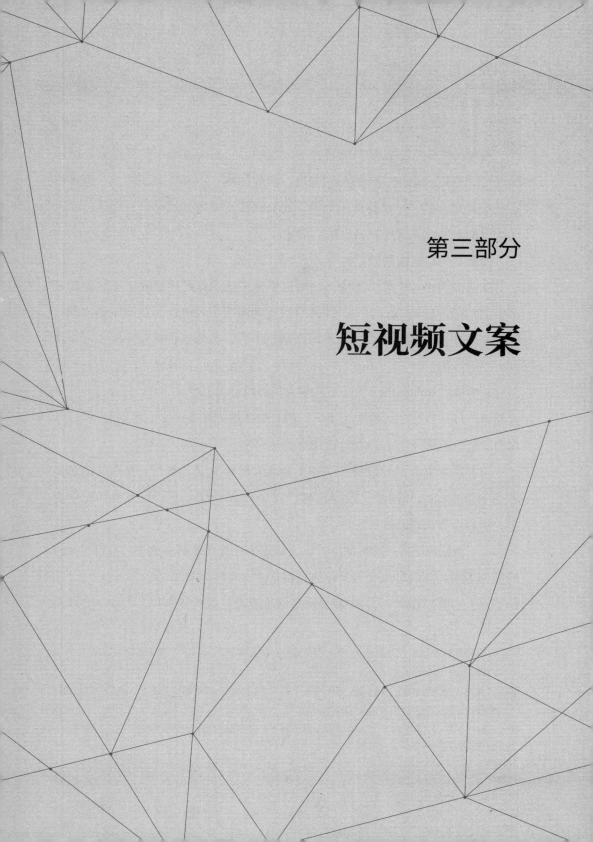

第三部分

短视频文案

常见的广告文案是从眼睛传递到大脑的，它们通过海报、详情页、微信公众号文章以及电视广告的形式呈现，措辞简练，不需要太多铺垫，直接传达核心信息，其文字风格偏书面语。而短视频文案则是通过口头表达进入人的大脑的，因此其文字风格更偏口语化。

但是有个奇怪的现象。

在偏书面语的广告文案中，一些口语化表达的作品更容易出彩，比如大部分快消品品牌的广告口号、综艺节目赞助商的广告语；而在偏口语化的短视频文案中，一些偏书面语表达的作品更出彩，比如旅行自媒体博主"房琪kiki"的作品。

从视频发布的目的来看，短视频大概可以分为五种。

（1）日常分享：记录一下生活，跟身边亲朋好友多一个共享信息的渠道，没有任何变现需求。大多数普通用户都是这样。

（2）信息发布：一般属于政务平台或大型企业官方账号，发布的信息多数会和微信公众号同步，内容比较严肃，没有变现需求，但因为和民生有关，所以会有大量百姓关注。

（3）戏剧段子[①]：想成为大V[②]，对内容有一定的了解，或者已经有了大概的创作思路，想通过文案提升作品质量，未来有变现的想法。

（4）为爱"种草"[③]：向粉丝分享或推荐自己喜欢的事物，一般不会在视

---

① 在现代网络文化中，"戏剧段子"指那些在社交媒体上流行的、具有戏剧性质的幽默视频。——编者注

② "大V"一词通常指的是在社交媒体平台上拥有大量粉丝和较高影响力的个人账号，尤其是那些在特定领域内具有专业知识或知名度的账号。——编者注

③ "种草"一词为网络流行语，本义指播种草种子或栽植草的幼苗，后引申为给别人推荐好货以吸引人购买的行为。——编者注

频里直接露出广告信息（带商品链接的"种草"属于带货），比较适合做旅游打卡类的自媒体账号。

（5）橱窗带货：视频的主角是商品，人物不重要，甚至不需要出镜，文案也不需要过多修饰，能配合画面直观地展现商品的功能卖点，引导用户点击购买链接即可。

第一种短视频对文案没有要求，第二种短视频跟普通人没关系，第三种、第四种及第五种短视频有变现可能及需求，适合普通人去做，并且文案在其中发挥较大作用，因此下面三章将分别讨论这三种短视频文案的创作思路。

当然，每一个短视频账号的成功，都不是单一因素造就的，除了文案，还有出镜人员的镜头表现力、拍摄手法的运用，甚至包括剪辑和配乐的技巧。

即使是文案，也会有各种不同的创作思路，我无法一一列举每种创作思路，只能筛选一些耳熟能详的账号，将其创作思路拆解给你看，希望你可以从中获得启发，找到自己的优势，然后将其转化成适合拍摄短视频的文案。

第9章　段子短视频

众所周知，做自媒体要涨粉①，得靠优质内容，但什么是优质内容呢？

段子类短视频账号有千千万万个，大部分都是在视觉上夺人眼球，通过夸张的道具、浮夸的表演、有趣的情节来吸引粉丝，这类账号不在我们的讨论范畴，不是因为它们不好，而是在这类视频中文案发挥的作用太小。

纯靠文案起家的短视频账号，风格上大致可以分为三类，一类是走心的，一类是搞怪的，还有一类是走心与搞怪相结合的。

"冷少"和"最美空姐蒋胖胖"合拍的作品，堪称走心段子类短视频的文案天花板，他们的作品以生活化的场景和令人深思的对话，赢得了无数粉丝的喜爱。

话不多说，直接上案例。

---

① "涨粉"一词为网络用语，指的是在社交媒体、视频平台、博客或其他在线社区中，个人或机构的账号获得更多的关注者或订阅者。——编者注

9.1　深沉走心

场景：手推车路边摊。

女顾客：老板，一碗炒饭，一碗烫蔬菜，一碟萝卜干。

男老板：好。你最近可是越吃越少了，再这样下去可要营养不良。

女顾客：可他喜欢瘦一点的女生，我原来 200 斤，现在都减到 150 斤了，瘦了 50 斤，想想都开心。

男老板：有什么开心的？你丢掉的不止 50 斤的体重，还有 1/4 的自我。

女顾客：可我的快乐是建立在他的快乐之上的，他快乐我就快乐了。

男老板：菜上齐了，一共 15 元。

女顾客：怎么又涨价了老板？

男老板：配料价格涨了呀，谁让我的定价是建立在配料的定价之上的呢，搞得现在很被动。

女顾客：老板，买单。

男老板：就吃两口就不吃了？

女顾客：不吃了，他希望我瘦到能穿上这件衣服，所以我得对自己狠点。

男老板：他喜欢瘦的女生可以直接找个瘦的呀，为什么找你？

女顾客：那是因为……

　　男老板：也许他并不是喜欢瘦下来的你，他只是喜欢听话的你。

　　女顾客：不可能，只要我变成他喜欢的样子，我们就一定可以走得很长久的。等我瘦下来，我还要去换个发型——他说他喜欢大波浪发型的女孩。

　　路人甲：老板，你这也太辣了吧？

　　男老板：我炒菜就这样，你不喜欢我家口味，可以去别家试试。

　　女顾客：你这么说不怕得罪人吗？

　　路人甲：要不是这萝卜干只有你们家卖，谁愿意来吃？

　　男老板：那明天还要给你留位置吗？

　　路人甲：留啊，怎么不留，真着了你的道了。

　　男老板：我做了这么多年生意，只明白一个道理：一味地迎合根本没用，我做生意人硬气，是因为我有留住客人的资本，那你呢，你有没有留住他的资本？

　　反向拆解这类视频文案时，你会发现这个过程和小时候读完课文后做阅读理解颇为相似。

　　首先，是提炼本文的中心思想。

　　在这则视频文案中，中心思想是男老板最后说的那句话：

　　一味地迎合根本没用，我做生意人硬气，是因为我有留住客人的资本，那你呢，你有没有留住他的资本？

　　其次，搭建故事框架，植入金句。

短视频讲故事时，重点在于情绪的递进，在揭示中心思想之前，要先埋下几个伏笔，它们既负责推动情绪的发展，又要吻合最终主题。常用的手法是通过另外一件小事来托物言志。

在这则文案中，通过女顾客询问"为什么又涨价"这个小插曲，让老板借题发挥说出第一个伏笔：我的定价是建立在配料的定价之上的，搞得现在很被动。

随后，老板又通过和女顾客探讨减肥问题，说出第二个伏笔：也许他并不是喜欢瘦下来的你，他只是喜欢听话的你。

听话，就是迎合，与中心思想是一致的。

而在故事一开头，女顾客说自己瘦了 50 斤很开心时，男老板就抛出了金句：有什么开心的，你丢掉的不止 50 斤的体重，还有 1/4 的自我。

最后，为故事填充血肉。

当中心思想、伏笔、结构、金句这几个最重要的元素都具备后，接下来就是为故事设置场景和对话。这种生活化的故事，不需要怎么布置场景，随便找个路边摊，给人物特写再打个光就行了，重点是情节和对话。

情节的设计要满足三个目的：一是引出金句，二是引出两次伏笔，三是引出中心思想。女顾客和男老板的对话属于主情节，当主情节的对话无法合乎逻辑地满足其中某个目的时，就需要设置男老板和路人甲（或女顾客和路人甲）的副情节来进一步点明主旨。

最终，那个中心思想被翻译成这样的故事：

女顾客来到她熟悉的路边摊吃饭，老板发现她瘦了，她说自己为男朋友减肥，很开心，老板开玩笑似的说出金句。上菜后老板报出价格，女顾客问为什么涨价了，老板说出第一个伏笔。女顾客吃了几口就买单，再次带出自己狠心减肥讨男朋友欢心的心态，老板说出第二个伏笔，女孩却执迷不悟。这时可以插入路人甲的角色吐槽老板手艺的缺点，被男老板反驳后依然决定下次再来，此时男老板对女顾客说出中心思想：不迎合别人，是因为自己有硬气的资本——这句话令女顾客恍然大悟，同时也把整个视频的情绪推向了最高潮。

我们常说：艺术来源于生活，但高于生活。走心类段子视频，就是这句话的最佳写照。

这类视频文案往往通过勾勒或复原生活中常见的细节，提炼出一句令当事人恍然大悟（或早已清楚却不肯接受）的道理，我把这种创作手法整理成一个翻译框架，即"起承转合"四步创作法（见表9-1），大家可以拿这个作为参考，去创作你的走心文案。

表 9-1 "起承转合"四步创作法

	起	承	转	合
主情节	特定场景，人物在做某事	两个人就某事交流带出金句、伏笔		主角对当事人（或观众）说出中心思想
副情节			主角与配角互动	
情节点	路边摊，女顾客点餐，男老板问她怎么瘦了，女顾客说为男朋友减肥	男老板第一次点她：你失去的不只是50斤体重，还有1/4的自我 上菜后，女顾客问怎么涨价了，男老板第二次点她：菜的定价建立在配料定价上，搞得他很被动 女顾客为了迎合男朋友的审美，吃几口就买单 男老板第三次点她：也许他只是喜欢听话的你	女顾客执迷不悟，路人甲出场吐槽老板炒的菜太辣，老板一招收服路人甲的心	一味地迎合根本没用……你有没有留住他的资本

在"起承转合"四步创作法里，第二步"承"对应的是主要内容，一般要设置两三个情节点，以此来堆积情绪，每个情节点的篇幅不要过长，三五句话点到即止，情节一拖沓，情绪一掉下去，结尾就不够有力量了。

"最美空姐蒋胖胖"发布的这条视频获得了很高的点赞量、评论量及转发量。在她的很多视频下面，我们都可以看到"文案很高级""×音文案天花板"之类的评论，足见粉丝对其作品的文案认可度之高。

9.2　戏谑搞怪

缉犯犀高端秋季号子服

经典后悔蓝，轻松掌握

匠心铁窗，哇哇大哭条纹设计

一网无潜，束缚型力量

激活伏法，忏悔本真

吸湿透气，泪水、汗水，刑嘤不离

沉稳贴扣，驾驭不同场合

身材管理、应酬宴请、商务社交

监约，而不监单

可狱，又可囚

无论有期还是无期

一种款式，陪你到老

"改造不好我就不出来啦"

缉犯犀，"狼"人的衣柜

　　如果有人在你耳边读这段文案，你可能会有两种感受：一是觉得它很高大上，是高端奢侈品的调性，二是朗读者可能是湖南人……但如果把文案摆在面前让你看，它可能会令你啼笑皆非。

　　这种创作方法叫"错位法"。

　　去年元旦上映的喜剧电影《年会不能停》也讲述了一个"错位"的故事：在某集团下属的工厂里，有个中层管理人员为了能调到总部工作，向集团人力资源总监行贿了几十万元。然而，由于总监手下的主管醉酒失误，把一个老实巴交的工人错误地调进了总部。这场身份错位引发了一连串的喜剧冲突。

　　早些年的港片也经常用这种手法来创作剧本，有的是身份错位，比如在电影《双龙会》中，成龙饰演的双胞胎的成长环境天差地别，他们却阴差阳错进入了对方的生活，状况百出；有的是声画错位，比如在电影《半斤八两》中，许冠文饰演的侦探社社长黄若思本来按照美食节目烹饪鸡肉，结果电视被换台，美食节目变成健身节目，他却没发现，依然按照健身教练的提示烹饪鸡肉，让人忍俊不禁；有的是情境错位，比如在电影《喜剧之王》里，周星驰饰演的尹天仇怂恿一个青年去跟黑社会大哥谈判，让他模仿自己的动作行事，结果青年挨揍后，看到他在路边逗小孩，也用同样的方法对待黑社会大哥……

错位这种手法，很容易制造出喜剧效果，制作视频时可以用，创作文案时当然也可以用。

上面那段示例文案来自"海南警方"，他们用高端奢侈品的调性去描述囚服，两者在人们心中的形象错位形成了巨大反差，这种"错位"制造出了出人意料的效果。

大部分商品都可以用这种错位手法，比如用奢侈品香水的调性去卖螺蛳粉、用手冲咖啡的调性去卖感冒灵、用豪华汽车的调性去卖手推车、用五星酒店的调性去卖大棚蔬菜……

值得注意的是，在这种错位关系里，基本都是用日常朴实的用品对标形象高端的产品，因此，使用错位手法时，要用高端套低端，不能反过来去用低端套高端，否则不仅效果堪忧，还可能对品牌形象造成伤害。

"海南警方"发布的这条视频火爆全网，后面他们继续用同样的手法拍摄了好几条视频，这些视频都获得了非常好的效果。

9.3 走心地搞怪

场景：街边大排档，一群人吃饭喝酒。

男主：我必须请客啊！

女食客：太阳打西边出来了。

男主：我前女友昨天结婚了。

男食客：好事儿啊！

男主：那可不好事儿咋的，那男的长得比我还硌碜呢！

众人：哈哈哈……

男主（笑着回忆）：我俩在一起五年了，但我俩分开吧，也不是……没有什么大矛盾，都是一些琐事。

然后昨天她结婚，我就给她发了一条信息，我寻思挽回一下呗。

我跟她说，你回来吧，我现在一看手机都难受。

因为里边照片吧，有……（眼眶红了，继续说）

有我给她拍的，也有她给我拍的，然后还有合照。

我记得（朋友递纸巾给他擦眼泪）还有一张我俩亲嘴的，

还有一个我俩打完扑克，她画的满脸都是画，我光着膀子抱她那个。

可好玩了（脸在笑，眼含泪）……

我跟她说，你回来吧，我离不开你……

然后她跟我说，不可能了，我明天都结婚了，你就别想了。

我一寻思也是，然后我就跟她说……

我说你给我 10 万块钱，

要不然我就把咱俩亲嘴照片发给你老公！

看到最后两行，你是不是忍不住破涕为笑了？

这则文案 98% 的篇幅都在描述一个追悔莫及的爱情故事，并由此营造出一个伤感的、令人心碎的情绪氛围。等你完全进入那种情绪后，它却用一个荒诞的结尾一锤砸碎你的感伤，让你措手不及的同时，也让你对创作者的才华佩服得五体投地。

这种文案通常也有一个固定的结构：一个带悬念的开头（勾起观众的好奇心）＋大量真实的细节（制造情绪烟幕弹，迷惑观众）＋急转弯的结尾（情理之中的意料之外）。

我们来大致拆解一下全文。

"我必须请客啊"——为什么必须请客，发生什么好事了？这是第一个钩子。

"太阳打西边出来了"——平时不请客的人，怎么突然大方了？这是第二个钩子。

"我前女友昨天结婚了"——前女友结婚应该难过啊，为什么还请客？这是第三个钩子。

"好事儿啊"——朋友递来的一句话，为下文第一个转折做了铺垫。

"那可不好事儿咋的，那男的长得比我还碜呢"——请客的原因找到了，三个钩子的答案有了，可谁都听得出来，这句话是在强颜欢笑。

接下来是一段猛料，男主先说分手原因，再表明想挽回这段感情的意愿，他提到手机里的照片，坦陈自己的脆弱。谈过恋爱的朋友都知道，平时搞怪的那些照片，分手后会成为最大的催泪弹，一想起那些傻乎乎的美好时刻，你就忘了自己生过的气，吵过的架，以及对方犯过的错，你心一软，就想挽回这段感情（或对方想挽回，你心一软就同意了）。

人在情绪崩溃的边缘时，是不可能流畅地、条理清晰地说出完整的长句子的，磕磕巴巴才是常态。因此，这段文案不需要过于精细的雕琢，只需要给出大致情节。演员可以根据自己的情绪自由发挥，越是说得断断续续，越是表达得支离破碎，就越显得情感真实。

这段回忆无疑是加分项，当回忆结束后，他的挽回却遭到了拒绝，观众也已经深陷于感伤氛围，此时文案一个急刹车，掉头朝反方向疾驰——"你给我 10 万块钱，要不然我就把咱俩亲嘴照片发给你老公"。

这种反转确实很搞笑，可是笑完后，我又想起另一句话："多少人借着玩笑说出了真心话。"

男主的这种无赖言论，何尝不是另一种无奈的自嘲。

这个短视频账号的创作者叫"房岩小哥"，由于他风格固定，我们经常可以在视频上看到专属于他的弹幕："新粉还在感动，老粉已经开始笑了。"

一个短视频博主能够通过文案造梗，或通过内容引起粉丝自发评论造梗，都是极其成功的，前面提到的"冷少"也有专属于他的台词梗：对不起，是我肤浅了。

"房岩小哥"发布的这条视频收获了大量点赞、评论和转发。该创作者用上面那个结构拍摄的其他作品，也有很高的播放量。

总结一下

剧情段子是最常见的短视频形式之一，也是最容易涨粉的账号类型。它的创作思路多种多样，大家可以自由发挥想象力，不管你采用什么形式，都要记住一点：真诚永远是必杀技。去寻找那些让你感同身受、不吐不快的素材，再把它们加工成你的作品。

互动

　　你最喜欢的段子博主是谁？他们的哪个作品最打动你？试着拆解一下那个作品，找出该作品的风格和结构。

第 10 章 "种草"短视频

"种草"是很多消费品牌都要上的必修课，也是很多文案创作者必过的考试。

"种草"不是带货，既不能干巴巴地展现产品卖点，也不能生硬地推销。带货文案的受众是"现在就需要这个产品的人"，而"种草"文案的受众是"未来可能需要这个产品的人"，前者是解决当务之急，文案可以开门见山，而后者满足的是潜在需求，文案可以含蓄一点。

"种草"，就是吸引潜在消费者，让他们认可这个产品，哪怕他们暂时用不到，也要收藏下来，以备日后不时之需。

简而言之，带货文案是催你立刻下单的，而"种草"文案是进收藏列表的。

下面分享旅游博主"房琪 kiki"推荐景德镇的一篇"种草"文案。

景德镇文案案例分析

景德镇

原来我喜欢的不是晴天或雨天

我喜欢的是景德镇的天

这是一座被偏爱的城市

浮梁、绕南、瑶里

这些好听的地名都属于它

青花、粉彩、珐琅

这些窑烧里的秘密，也只讲给它

这座城市让人安心

当窗外蝉鸣未褪

而我静静地等待一只素胚

门外就算再风起云涌

又有什么所谓

这座城市给人勇气

当卑微如泥土也能经过淬炼，成为价值千金的瓷器

人生也就没有什么不可以

景德镇唱着"泥与火之歌"
把勇气和平静都放进一片片陶瓷里了
它曾是海上丝绸之路的源头
用一片陶瓷交流世界，从海上回到地面
今天的它又从陶博城开始继续往来世界
千年瓷都的繁荣即将重现
写下第一千零一页
不必问这一页写了什么
被偏爱的城市有无数种可能

人生不限量
一起去有瓷的地方

能把视频拍漂亮的人很多，但能把文案写漂亮的人少之又少。这位创作者在短视频平台上有两千多万粉丝，估计 80% 的人都是冲着她的文案关注她的。

她的文案风格有三个关键词。

一是励志：她在一档综艺节目上点评某位歌手的励志文案，感动了无数观众，她也经常分享自己的奋斗经历，鼓励女孩们勇敢做自己；

二是优美：她善于在文案中恰如其分地引用诗词或名句，或通过排比、比喻等修辞手法，以营造唯美意境；

三是改编：她善于选取流行文化中耳熟能详的元素，并将其融入自己的文案中，以降低受众的理解门槛，拓宽受众范围。

在一个教文案写作的视频里，她分享了自己引用诗词的三个原则：第一，跟视频调性相符；第二，引用内容跟上下文逻辑性强相关；第三，其他文案能借助这句诗、词或名言的影响力。

上面这篇文案的前两句，虽然不是引用，但也没有遵循"上下文逻辑性强相关"的原则，我个人拙见，删掉这两句，直接从第三句开始，效果会更好。

下面我们来逐句拆解这篇文案。

"这是一座被偏爱的城市"——为什么被偏爱？我相信，用"好奇心"开头的短视频文案，虽简单，却有效，总能迅速抓住受众的注意力。

"浮梁、绕南、瑶里，这些好听的地名都属于它；青花、粉彩、珐琅，这些窑烧里的秘密，也只讲给它"——这些内容是"被偏爱"的答案。

"种草"文案并不是说一些无关紧要的漂亮话就行了，它同样要说产品的卖点，只是不能说得太直白，要找到合适的位置，将卖点自然地融入文案中。这些动听的名字，也是景德镇美学的一部分。

"这座城市让人安心，当窗外蝉鸣未褪，而我静静地等待一只素胚"——这段描绘的是景德镇这座小城的调性，她用"蝉鸣""等待""素胚"几个词，勾勒出了一个安静的场景，而静处可安心。

"门外就算再风起云涌，又有什么所谓，这座城市给人勇气，当卑微如泥土也能经过淬炼，成为价值千金的瓷器，人生也就没有什么不可以"——这段看似写瓷器，实则托物言志，文案燃起来，升华了主旨，也有了励志效果。

"景德镇唱着'泥与火之歌',把勇气和平静都放进一片片陶瓷里了,它曾是海上丝绸之路的源头,用一片陶瓷交流世界;从海上回到地面,今天的它又从陶博城开始继续往来世界,千年瓷都的繁荣即将重现,写下第一千零一页,不必问这一页写了什么,被偏爱的城市有无数种可能"——这段中的"泥与火之歌"改编自前些年大热的小说"冰与火之歌"(*A Song of Ice and Fire*)系列,"一千零一页"改编自经典的阿拉伯民间故事集《一千零一夜》,这一大段看似写景德镇的过去、现在与未来,实则都是卖点,清楚地展现了景德镇的历史底蕴和特色旅游资源,还呼应了开头的"偏爱"。

喏,这就叫专业。

"人生不限量,一起去有瓷的地方"——这个视频发布时,电视剧《一起去有风的地方》正在热播,最后一句借流行文化的势,不仅让人更容易记住,同时也鼓励人们行动起来,有空就去景德镇逛一逛。

不知道你有没有发现,这篇文案没有明显的结构。

这位创作者在那个教人写文案的视频里还说过:"有些人为了授课,会给你一个文案模板让你往里套,但这样的投机取巧是写不出好文案的。"

我觉得她说得很对,但也有点绝对。

套用公式、投机取巧,能写出人工智能式的文案,但写不出好文案。尤其是这种讲究微妙平衡的文案,需要你从心出发,多揣摩、多感受,日复一日地训练语感,才能下笔如有神。

可是话说回来,套用模板并不一定就是投机取巧,有些人可能是经验所限,只能从简单的模仿开始;有些人可能是为了应急,没时间精雕细琢,不得已套用了模板。

我在开篇说过,文案要先写对,再写好。对于这本书的受众来说,"写出好文案"是终极追求,"写出对的文案、能用的文案"才是当前目的。

从经典文学到畅销小说,从好莱坞大片到电影节获奖作品,从古典乐到流行音乐,所有作品都有约定俗成的类型结构,因此,我认为套用模板是取巧,而不是投机。

总结一下

"种草"类短视频文案确实不好写,说得太直白,成了生硬的广告,不讨喜,没人看;说得太委婉,成了散文,很多人看不出言外之意,没效果。而我的建议是以"润物细无声"为标准,讲究虚实结合,这样一来,人们既看到了你描绘的面子,也知晓了你想表达的里子,这是"种草"文案的核心要点。

互动

探店视频也属于"种草"类视频,你能回想起来哪个探店博主的视频文案让你感到惊艳吗?如果没有,想一想为什么?

第 11 章　带货短视频

本章讲带货短视频，直播带货不在探讨范围内。

带货，就是要把产品卖给消费者，视频文案要简单粗暴，直来直去，不要像"种草"文案那样委婉。

但是，直来直去并不意味着文案可以照搬说明书，还是需要去设计情境，把产品卖点翻译成消费者想听的话。

从形式来说，常见的带货短视频有两种：一种是产品出镜，主播不露脸，躲在镜头后讲解产品卖点；另一种是主播出镜，通过简单的剧情带出产品，然后详细讲解产品卖点。

一个视频里，最好只讲一个主要卖点，其他卖点都一笔带过，甚至不提。

好产品就像药，主治一种症状，我们常说的"直击用户痛点"就是这个意思。有人说，我们的产品确实很强大，能解决客户很多痛点。然而，在带货短视频中，我们应该聚焦于最核心的问题，只突出一个最主要的卖点。

同样，带货文案，也必须对症下药。

下面我给大家讲一下常见的两种带货短视频文案。

11.1　产品出镜，文案旁白

创意简报：推荐一款垃圾袋，核心卖点是"牢固"。

怎么翻译"牢固"呢？

> 这款垃圾袋采用×× 材质，非常环保，再经过 ×× 先进技术的加工，很牢固，而且在造型设计上也很符合人们的使用习惯，是居家生活必备好物。

先说材质，带出环保卖点；再说工艺，带出牢固卖点；最后说设计，带出使用体验卖点——这是很多文案的翻译思路，有理有据，逻辑通畅。

这是说明书式的文案，它没有错，但是很难带货。

如果消费者带着"我今天就想买个方便实用的垃圾袋"这种想法，主动搜索并看到了这样的文案，这样的文案或许可以说服消费者。但带货短视频往往随机出现在消费者面前，而且这些消费者可能当下并没有急迫购买垃圾袋的需求，要说服一个没有急迫需求的人迅速下单，这种老老实实自我介绍的招数就不太管用了。

你得用"问题三步法"，从消费者的角度去翻译。

第一步：提出问题

这个问题一定是普遍的、具有代表性的，并且可以视觉化。

> 你家的垃圾袋是不是也这样
>
> 随便丢点很轻的东西进去
>
> 整个袋子就陷进筐里
>
> 每次都要手动把它复位
>
> 真的很麻烦

这几句文案配上画面，让人一看就感同身受：对对对，是这样的，我也遇到过。

第二步：延展问题

仅仅聚焦于一个常见问题是不够的，因为那个问题发生得太频繁，以至于有些人都慢慢习惯了，因此要扩大问题范畴，挖掘出一个潜在问题，这个问题虽不会经常发生，可是一旦发生，后果会比第一个问题更严重。

> 更可怕的是
>
> 这种垃圾袋很薄，很容易破
>
> 稍微多装点厨房垃圾
>
> 汤汤水水就会从厨房洒到客厅
>
> 又从客厅一路洒到电梯
>
> 如果垃圾袋在电梯里突然裂开
>
> 整个人都要跟着裂开

这几句文案的功能在于再次激化问题，让人意识到后果的严重性：天呐，这个是我没想到的（或者，这个确实是我一直担心的），万一真的发生，那我可就出丑了。

第三步：解决问题

前面两段文案，不仅道出了消费者的日常困境，还成功激起了他们的隐忧，接下来就该呈现以上问题的解决方案了。

> 这款垃圾袋专门解决以上问题
>
> 它可以轻松固定在垃圾筐上
>
> 无论安放还是收缩都很方便
>
> 它采用 ×× 材质，非常牢固
>
> 能承受 × 公斤的重量
>
> 无论是厨房、客厅还是卧室都很适用
>
> 今天主播给大家送福利
>
> 10 包只要 ×× 元

这段文案在解决问题的同时，还加入了使用场景和优惠信息，让人看完后觉得：你这个产品确实好，我得赶紧买一些放在家里。

总而言之，"问题三步法"的本质就是告诉消费者：想让已经发生的和可能发生的以后都不会发生，就选择我们的产品。

11.2　剧情演绎，人物讲解

还是同样的创意简报：推荐一款垃圾袋，核心卖点是"牢固"。

怎么通过剧情翻译"牢固"呢？

我在前面讲段子类短视频文案时说过，完整的剧情结构分为"起承转合"四个步骤，但带货短视频是广告，消费者没时间看你铺垫，想直接抓住他们的眼球，你得用"冲突三步法"。

吵架，是最能直观表现冲突的手法。

第一步：展现冲突

垃圾袋的使用场景是家庭，人物关系可以是夫妻或情侣，无论男方还是女方，都可能成为冲突爆发的导火索，这里不谈性别议题，我们假定剧情是：夫妻吃完饭后，妻子收拾碗筷，丈夫去倒垃圾，二人因为垃圾袋问题吵了起来。

> 丈夫：跟你说多少遍了，扔垃圾要对准垃圾桶，你看看……
>
> 妻子：它不能固定在垃圾桶上，能怪我吗？我又不是故意让它陷进去的？
>
> 丈夫：弄得这么脏，我怎么拿？
>
> 妻子：用手拿呗，扔完回来洗手啊！

丈夫抱怨，妻子推脱，通过俩人的对话交代冲突原因——垃圾袋不能固定在垃圾桶上，同时也让观众意识到：我家也有类似的问题。

第二步：升级冲突

产品的核心卖点是牢固，因此要把"不牢固的后果"作为核心冲突来展现，有了第一波冲突的情绪作为铺垫，核心冲突就可以来得更猛烈一些。

丈夫（走向客厅）：每次都装这么满，万一破了……

他刚打开门，垃圾袋就破了，垃圾散落一地。

丈夫（瞬间怒了）：我就知道会这样，你就不能少装一点吗？

妻子：你吼什么，这垃圾袋是你自己买的！

丈夫不吱声，迅速收拾好垃圾，夺门而出。

丈夫的担心变成了现实，散落在地上的垃圾不仅让丈夫暴怒，也让视频前的观众心有戚戚：太惨了，这种情况要是发生在我家，对我来说简直是场噩梦。

第三步：解决冲突

在上段文案的结尾，丈夫没回话，是留了个悬念：他到底是自知理亏，还是不想辩解，接下来他会怎么做？

丈夫进屋，看到妻子坐在沙发上正生着气。

丈夫：对不起，刚才我不应该那么说。

妻子：现在道歉有用吗？

丈夫：道歉没用，但是它肯定有用。

他拿出新款垃圾袋，讲解功能。

> 丈夫：这款垃圾袋可以轻松固定在垃圾桶上，而且它采用××材质和工艺，非常牢固，即使用力拉扯，它也不会破。
>
> 妻子：确实，垃圾袋都比你有用。
>
> 丈夫：希望我们的感情也像它一样，压力再大都不会破。
>
> 妻子：那可得看你表现，你在哪里买的？
>
> 丈夫：点击评论区就能直接购买，现在商家搞活动，还有××优惠。

这段文案的骨架是产品的核心卖点，血肉是夫妻和好如初，在展现产品时，别忘了它还是场戏，寓卖于乐。

总结一下

常见的带货短视频文案有两种：一种是"产品出镜，文案旁白"，用"问题三步法"解决用户痛点；另一种是"剧情演绎，人物讲解"，用"冲突三步法"让角色代替用户说话。不管用哪种方法，都不要一次展现过多卖点，聚焦才能成交。

互动

随便选择你身边的一件物品，给它设定一个核心卖点，试着用上面任意一种方法，给它写一篇带货文案。

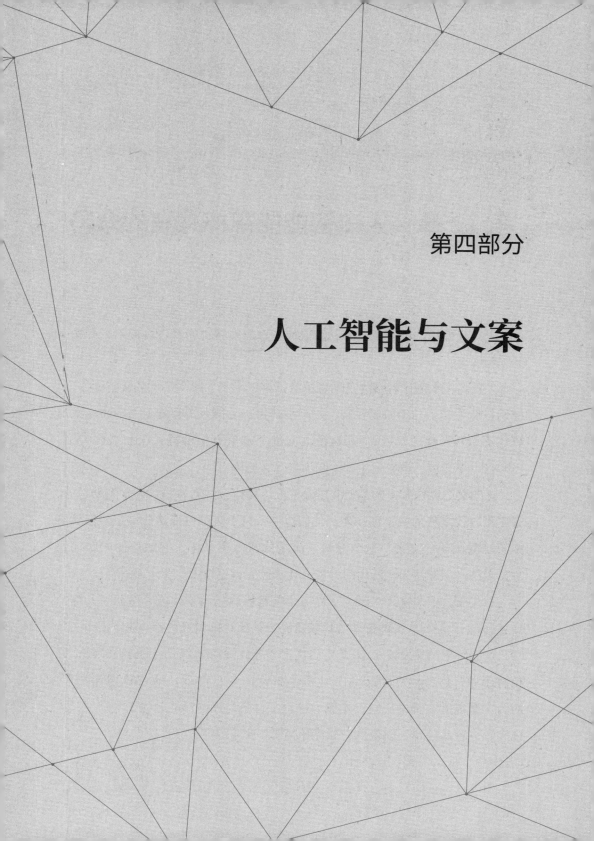

第四部分

人工智能与文案

第 12 章　人工智能能革掉文案的命吗

　　先说我的结论：人工智能，能取代愚蠢的文案创作者，取代不了好的文案创作者。

　　愚蠢的文案创作者指的是不思进取、自以为是、眼高手低的文案创作者，他们自认为有了几年从业经验，便故步自封，觉得人工智能只会冷冰冰地计算，不懂"人性的温度"，甚至没去深度了解就直接推翻人工智能的价值，不知己也不知彼，被取代了都不知道是什么原因。

　　好的文案创作者指的是能够居安思危、懂得接纳新事物、喜欢主动学习、善于借时代之势的文案创作者，他们也许入行不久，也许从业多年，但从不把自己局限于"文案"这个身份，而是像八爪鱼一样，把触角伸向四面八方，吸纳一切能够为己所用的力量，让自己变得更强大。

　　不久前，中国人民大学、宁波大学与秒针营销科学院联合撰写了一篇论文：《人工智能与人类的创造力比较研究：基于专家和消费者的双重视角》。

　　这篇研究论文设置了 10 个广告文案任务，覆盖 7 个不同的行业领域，并招募了 60 位专家（营销从业人士和高校营销专业教师）和 1707 名消费者，对人工智能和人类的文案创作能力进行了盲测，评测标准分为 5 个维度：清晰完整、容易理解、创造性、消费者洞察和商业洞察。

结论显示：在广告营销领域，目前人工智能文案的创作能力，等同于具有 2.47 年经验的人类；在 10 个广告文案任务上，人类文案的专业能力得分仍高于人工智能。

但也别高兴得太早。

人工智能并没有全面溃败，只是在创造性、消费者洞察和商业洞察这 3 项上，它的得分目前仍显著低于人类，但在清晰完整和容易理解这 2 项的得分上，其与人类创作的文案没有显著差异，ChatGPT（聊天生成预训练转换器）和文心一言在这两项的得分上，甚至比人类创作的文案还高。

而清晰完整、容易理解正好与文案翻译四大标准里的"信"和"达"相吻合。

也就是说，人类创作的文案要想不被人工智能生成的文案所取代，就必须尽快走完初级阶段，向更高阶水平发展。如果只会用千篇一律的辞藻拼凑出一篇篇模棱两可的内容，那还不如趁早转行。

要与人工智能生成的文案竞争，那就必须"知己知彼"。

12.1　人工智能的底层逻辑

大部分人对人工智能的印象都是"科幻电影照进现实"，他们觉得人工智能似乎无所不能，并理所当然地认为它的原理非常复杂，甚至只有智力超群的人才能驾驭。

但事实并非如此，人工智能写作的逻辑很简单，说白了就是"文字接龙"，系统根据上一个字选择下一个字，选择的依据是"概率"——所有素材中出现概率最高的那个字。

科普书《这就是 ChatGPT》[①] 是这么解释的：

ChatGPT 从根本上始终要做的是，针对它得到的任何文本产生"合理的延续"。这里所说的"合理"是指，"人们在看到诸如数十亿个网页上的内容后，可能期待别人会这样写"。

假设我们手里的文本是 "The best thing about AI is its ability to"（人工智能最棒的地方在于它能）。想象一下浏览人类编写的数十亿页文本（比如在互联网上和电子书中），找到该文本的所有实例，然后看看接下来出现的是什么词，以及这些词出现的概率是多少。ChatGPT 实际上做了类似的事情，只不过它不是查看字面上的文本，而是寻找在某种程度上"意义匹配"的事物（稍后将解释）。最终的结果是，它会列出随后可能出现的词及其出现的"概率"（按"概率"从高到低排列）。

值得注意的是，当 ChatGPT 做一些事情，比如写一篇文章时，它实质上只是在一遍又一遍地询问："根据目前的文本，下一个词应该是什么"，并且每次都添加一个词。[正如我将要解释的那样，更准确地说，它是每次都添加一个"标记"（token），而标记可能只是词的一部分。这就是它有时可以"造词"的原因。]

好吧，它在每一步都会得到一个带概率的词列表。

---

① 沃尔弗拉姆. 这就是 ChatGPT [M]. WOLFRAM 传媒汉化小组，译. 北京：人民邮电出版社，2023.

　　但它应该选择将哪一个词添加到正在写作的文章中呢？有人可能认为应该选择"排名最高"的词，即分配了最高"概率"的词。然而，这里出现了一点儿玄学的意味。出于某种原因——也许有一天能用科学解释——如果我们总是选择排名最高的词，通常会得到一篇非常"平淡"的文章，完全显示不出任何"创造力"，有时甚至会一字不差地重复前文。但是，如果有时（随机）选择排名较低的词，就会得到一篇"更有趣"的文章。

　　不知道大家有没有看明白，我举个例子解释一下。

　　假如你让人工智能写一篇名为《扶老奶奶过马路》的文章，它通过搜索数据库，找到了第一个字："星"，这个字可以有很多组合，比如星期、星星、星光、星月、星空等，经过概率统计，在所有扶老奶奶过马路的文章里，出现概率最高的组合是"星期"。

　　第三个字应该接什么呢？根据搜索，有"一、二、三、四、五、六、日、天"可供选择，一般这种事都发生在上学期间，所以日和天两个字的概率较小，首先被排除，假设出现概率最多的是"一"，那么它就生成了"星期一"这三个字。

　　过马路这个场景大概率会发生在学生上学或放学的路上，所以第四个字应该可能是"下"，以此类推，第五个字是"午"，第六个字是"放"，第七个字是"学"，第八个字是"路"，第九个字是"上"，这几个字组成了第一句话：星期一下午放学路上。

　　问题来了，标点符号之后应该接什么词？

　　这时的人工智能会把整句话当作一个"大词"，根据已有文本选择概率最高的另一个"大词"（句子），比如"我遇到了一个拄着拐杖的老奶奶"，这句话的每个字生成的逻辑都和第一句话一样，然后人工智能会根据这两句话的含义，选择第三句话，比如"她步履蹒跚"。

就像书里提到的，如果我们总是选择排名最高的词，那么通常会得到一篇正确但平淡的文章，为了彰显自己的创造性，人工智能会在某些时候选择一些排名不是很高的词，比如"脚步"之后有"轻盈、缓慢、蹒跚、颤颤巍巍"等多个选项，它可能不选"蹒跚"，而是选择"轻盈"，试图生成一篇更有趣的文章，结果却令人啼笑皆非：

> 星期一下午放学路上，我遇到了一个拄着拐杖的老奶奶，她脚步轻盈……

对于这个 bug，《这就是 ChatGPT》一书中是这么解释的：

> 一旦根据被展示的原始文本语料库完成"原始训练"，ChatGPT 内部的神经网络就会准备开始生成自己的文本，根据提示续写，等等。尽管这些结果通常看起来合理，但它们很容易（特别是在较长的文本片段中）以"非类人"的方式"偏离正轨"。这不是通过对文本进行传统的统计可以轻易检测到的。但是，实际阅读文本的人很容易注意到。
>
> 就像人类一样，如果 ChatGPT 接收到一些匪夷所思、出乎意料、完全不符合它已有框架的东西，它就似乎无法成功地"整合"这些信息。只有当这些信息基本上以一种相对简单的方式依赖于它已有的框架时，它才能够进行"整合"。

　　这段话的意思是，如果你想让人工智能写一篇《扶老奶奶过马路》的文章，但你给它的参考案例除了同类文章，还有一半是关于运动员训练的文章，它就蒙了。

　　在它之前接受的训练里，这类文章经常出现的是"慢悠悠、小心、红灯、上学迟到、被老师批评、误会，表扬"这些词，而关于运动员文章出现的是"大汗淋漓、矫捷、训练、艰苦、冲刺、速度、争光"这些词，它颠覆了人工智能的认知，就像一个男人对医生说他想怀孕，医生肯定认为他是神经病——这不符合当前的医学认知。

　　所以说，人工智能是有智力的，但它的"智"是有限的（至少目前是有限的），它能以此类推，举一反三，它会根据训练材料中的内容"听起来像什么"，拼凑出一些"听起来正确"的话，但不会无中生有。

　　在一档综艺节目里，作家苏童也表达过类似的观点：人工智能也许能写出《活着 2》，但它肯定写不出《活着》。

　　你可以把人工智能想象成一台自动缝纫机，人们可以给它输入一些模型，比如衬衫、T 恤、西服、牛仔裤、羽绒服的剪裁规格——这是人工智能里的"人工"，得有人去喂养它，没有这一步，它就无法有效工作。

　　下次你想做一件新衣服时，只需要丢给它一堆布料，再告诉它："给我做一件西服"，它就会按照模型里的数据，自动帮你设计、裁剪、缝线——这是人工智能里的"能"，它是一个帮你干活的工具。

　　你输入的指令越详细，它做出来的西服就越符合你的要求，在裁剪缝线的过程中，它还会适当改变尺寸、颜色、针脚等细节——这是人工智能的"智"，在交付成品时，它会带给你一些意想不到的新鲜感，这些新鲜东西可能是惊喜，也有一定概率是惊吓。

如果你告诉它：给我做一件 POLO 衫，你猜它会有什么反应？

它会无所适从，胡言乱语。虽然它的模型里有衬衫和 T 恤的数据，但它并不知道，把衬衫的上半部分和 T 恤的下半部分结合在一起，就能做出 POLO 衫。

想让这台自动缝纫机做出来的衣服款式更多一点，设计更精美一点，你就要不断给它"喂食"，食物可以是各种服装周的新闻，设计师的访谈，时尚品牌的广告，穿搭博主的推荐，等等，你给它喂得"食物"越多，它给你的惊喜就越多。

但是问题又来了。

你喂给人工智能的信息里，有些是营养大餐，有些是家常便饭，但也避免不了有些是垃圾食品，甚至是有毒的东西，而人工智能又分辨不了哪些有益、哪些有害——这就是它有时会给你"惊吓"的原因。

比如，有的穿搭博主调侃或恶搞时尚大牌，用蛇皮袋和塑料袋"设计"了一条裙子，并用了奢侈品的文案去描述它，那么人工智能接收了这样的信息后，下次如果你让它做一条适合晚宴穿的裙子，它在数据库里一搜索，发现这条裙子很"高端大气上档次"，就可能依葫芦画瓢给你"设计"一款不伦不类的礼裙。

有没有办法尽量避免这种情况呢？

有的，多给人工智能投喂好东西。

把大量优质的内容输送给它，无论是文字、视频还是音频，让它多看、多听、多琢磨，时间一长，它不仅练成了扎实的基本功，还会逐渐形成自己的审美，不会再犯一些低级错误。

总而言之，人工智能代表了"人工、智、能"三个方面，你要给它投喂大量好东西，还要不断告诉它什么是对的、好的，并在它表现优秀时赞美它，这样它才能跟你越来越有默契，成为你的超级助手。

12.2　人工智能无法取代的文案

有些人看到网上流传的人工智能文案作品，觉得跟广告公司的文案创作者水平不相上下，便忍不住惊叹：人类文案要失业了。

看完前面的人工智能底层逻辑，我相信你已经明白，之所以大家觉得人工智能和人类文案水平差不多，是因为那些文案都是对产品信息的排列组合。人工智能的数据库优势是人类大脑不能比拟的，它天生就比人类更擅长检索、提取、整理并重组信息。这是人工智能生成文案的优势，也是它的天花板：人工智能只能雕琢模样，不能注入灵魂，人工智能生成的文案都是文案成品，谈不上文案作品。

现阶段人工智能生成的文案，与我们看国外视频时机器自动翻译的字幕很像：它们能传达出基本的含义，但在许多细节上难以做到精准，这就需要你一边看一边在脑海里自己润色，尤其是涉及多义词或需要结合某种文化背景才能了解的内容，单一机器翻译的结果就更加惨不忍睹了。

作为一名文案创作者，如果你只会翻来覆去地使用套路文字，整合出一篇篇描述产品功能、卖点的文案成品，那么你确实需要担心自己会被人工智能替代了。

要做一个人工智能取代不了的文案创作者，至少要具备以下几种能力。

能力一：切换创作视角的能力

人工智能擅长的是套路化写作，它的写作逻辑是保证通畅、流利，不太会剑走偏锋，更不会出一些违背人们阅读习惯的"叛逆"操作。

比如，我在某人工智能上输入指令：描述一款手机外观漂亮。

人工智能这样回复：

> 这款手机外观精美，设计独特，令人一见倾心。它采用流线型的机身设计，线条优雅流畅，给人一种舒适的手感和视觉享受。手机配色丰富多样，既有低调的商务风格，也有活力四射的青春色彩，满足了不同用户的需求和口味。
>
> 手机屏幕采用了超高清全视屏设计，分辨率高达4K，显示效果清晰细腻，色彩鲜艳饱满。屏幕与机身的完美融合，让手机整体外观更加简洁大气。
>
> 此外，手机背部采用玻璃材质，不仅触感舒适，而且光泽度极佳。摄像头和指纹识别模块的设计也十分精致，与机身融为一体，没有突兀的感觉。
>
> 总之，这款手机的外观设计独具匠心，既时尚又实用，无论是手感还是视觉效果都堪称一流。它不仅能满足用户的日常使用需求，还能成为彰显个性和品位的时尚配饰。

它写得很对，而且逻辑清晰，采用了"总分总"的结构，先说整体，再分别介绍手机的屏幕和背部，最后来一段总结，中规中矩。

随后，我又输入第 2 条指令：描述一款手机性能强大。

人工智能这样回复：

这款手机在性能上表现出色，堪称强大。它搭载了最新的处理器技术，主频高达 3.0GHz，运行速度非常快，多任务处理毫无压力。无论是大型游戏、高清视频还是复杂的应用程序，这款手机都能轻松应对，流畅运行。

此外，手机配备了高速的存储和运行内存，确保了系统运行的稳定性和流畅度。无论是切换应用、打开文件还是运行大型程序，手机都能迅速响应，满足用户的各种需求。

在电池续航方面，这款手机采用了大容量电池，支持快速充电技术，一次充电可以保证长时间使用，即使在高强度使用下，也能保证手机的续航能力，让用户无须频繁充电。

在图像处理方面，手机配备了高像素的主摄像头和超广角镜头，支持 4K 视频录制和多种拍照模式。无论是拍照还是摄像，都能获得清晰、细腻的画面效果。同时，手机还拥有强大的图像处理能力，可以实时对照片和视频进行编辑和优化。

综上所述，这款手机的性能表现出色，无论是处理器、存储、电池还是图像处理能力都达到了业界领先水平，能够满足用户的各种需求，无论是工作、娱乐还是游戏，都能提供出色的体验。

跟上面一样，人工智能的回答也很出色，要说有什么问题，那就是这种文案没有什么特别之处，哪款手机都能用。于是我提出更详细的需求，输入了第 3 条指令：用一句话描述手机外观好看，性能强大。

人工智能这样回复：

> 这款手机外观精美，线条流畅，触感舒适，展现出极高的设计品位；同时性能强大，搭载最新处理器，高速存储和强大电池，满足各种需求，提供无与伦比的体验。

我让它再压缩一点：上面的内容太长了，只需要一句话。

人工智能这样回复：

> 这款手机外观精美，性能强大，触感舒适，是一款兼具美观与实力的优秀产品。

这次的文案去掉了一些形容词，但还是太长了，我需要的是一句广告口号，所以我再次发出指令：字数不要超过 10 个字。

人工智能这样回复：

> 外观优美，性能超群。

我又输入指令：用一句广告口号描述手机外观和性能。

人工智能这样回复：

> 外观璀璨，性能无疆。

到这里大家应该看出来了，人工智能只有一个切入点，不管我怎么调整需求，它只会在"正确"的语序里兜圈子，不会换个角度去思考。

而人类文案怎么用一句话描述"手机外观好看、性能强大"呢？

人类文案是这么写的：

> 漂亮得不像实力派。

这样的文案，是人工智能写不出来的。

再换一个品牌"种草"的案例。

我输入指令：请用一句话描述"童年喜欢的汽车，成年后终于买到手了"。

人工智能这样回复：

> 童年梦想成真，心仪汽车入手。

我觉得这样的文案太普通了，于是提示它：换一个角度写。

人工智能这样回复：

> 成年圆梦，昔日喜爱汽车终拥入怀。

我觉得新生成的文案还是很普通，于是再次提示：在这句话里融入 1973 年和 2005 年两个年份。

人工智能这样回复：

> 成年圆梦，1973 年的儿时之选，2005 年终于开回家。

这次的文案有点意思，但还欠缺一点令人震撼的力道。

人类文案是这么写的：

　　2005 年提车，但在 1973 年就卖出了。

如果你能写出这样的文案，还用担心会被人工智能取代吗？

能力二：逆向思维的能力

人工智能的思维逻辑是正向的，因为它要先保证"对"，但有些文案在表现形式上是"不对"的，是反常识的。

下图是我入行之初写的一则戒烟公益广告。

我把这幅作品上传到某人工智能软件，让它评价文案内容，它是这样回复的：

> 这张海报的文案存在多处问题。
>
> 首先，从"天堂杯吸烟大赛总冠军"可以知道这是一个宣传吸烟比赛的海报。吸烟有害健康，这种比赛的设立和宣传是极其不负责任的，因为这会误导人们认为吸烟是一种可以被接受甚至值得追求的行为。
>
> 其次，"每天多抽几根，下个冠军就是你"和"SMOKE MORE EVERY DAY，YOU'LL BE THE NEXT CHAMPION"这两句话更是错误至极。它们在鼓励人们增加吸烟量，暗示着吸烟可以带来某种荣誉或成就，这与事实完全相反。吸烟不仅对个人健康有害，而且对社会和环境也有负面影响。
>
> 综上所述，这张海报的文案是错误的，因为它在误导人们接受吸烟这一有害行为，并鼓励他们增加吸烟量。它没有提供关于吸烟的任何正面信息，而是通过设立一个虚假的正面形象（即吸烟冠军）来欺骗大众。
>
> 因此，这张海报的文案是错误的。

就像你用反语说了个笑话，结果对方完全没听出来言外之意，揪着你的字面意思一顿批评，你说你生不生气？

我又输入指示：如果想要修改这张海报的文案，应该怎么做？

它回复：

> 删除所有与吸烟和吸烟比赛相关的内容。包括"天堂杯吸烟大赛总

冠军""每天多抽几根，下个冠军就是你"和"SMOKE MORE EVERY DAY，YOU'LL BE THE NEXT CHAMPION"等信息，替换为关于吸烟危害和健康生活方式的信息。例如，可以使用诸如"珍爱生命，远离烟草""健康无价，远离烟草"等表述。

如果需要保留一些与烟草相关的元素，可以考虑使用反讽或幽默的方式来表达。例如，"想要成为吸烟冠军？看看这些肺部的 X 光片"或"想成为下一个吸烟冠军？先从戒烟开始"。

强调吸烟对个人、社会和环境的负面影响。例如，"吸烟不仅伤害你，还伤害你爱的人和环境"或"选择健康，远离烟草、烟雾"。

修改后的海报应该传达出积极、健康和负责任的信息，帮助人们认识到吸烟的危害，并鼓励他们做出更健康的选择。

你说好笑不好笑，它一边把我的反讽手法骂了个狗血淋头，一边教我使用反讽方式来表达；一边批判"吸烟冠军"这种宣传手法极其不负责任，一边又教我写"想成为吸烟冠军，先从戒烟开始"这种句子……

可以看出，人工智能只擅长从正面、正确的逻辑去思考，即使它提出了用反讽的方式来表达，也未必能真正理解反讽的标准和尺度是什么，甚至有时它会说出自相矛盾的话而不自知。

汉堡王（Burger King）曾推出过一个发霉的汉堡广告。

在正常的逻辑里，食物广告中的食物都是鲜美的、色香味俱全的，因为这样的食物能刺激消费者食欲，但汉堡王却用高清摄像机连拍 34 天，记录下招牌皇堡腐败发霉的全过程。

在那段影像中，观众可以看到面包逐渐凹陷，生菜逐渐枯萎，肉饼逐渐长出毛茸茸的菌群……这些都是食品广告最忌讳的元素，谁看了都会觉得倒胃口。

但是片尾定格文案的出现，改变了一切，那句文案写道：The beauty of no artificial preservatives，翻译成中文是："无人造防腐剂之美"。

广告上线后，汉堡王发表声明，说他们已经在超过 400 家美国门店推出无人造防腐剂的皇堡，同时还表示他们 90% 的食品原料均不含人造色素、调味剂和防腐剂，而且所有食物中都去掉了味精和高果糖玉米糖浆。

当消费者看完广告和文案后，自然会由"无人造防腐剂"联想到"汉堡更健康"，而这样的广告和文案，自然也比那种光鲜亮丽的汉堡画面以及一句"不含人造防腐剂"的文案更让人印象深刻。

如果你了解汉堡王和其对手麦当劳的历史，那么你还能了解到汉堡王在这支广告里对麦当劳的调侃。麦当劳汉堡以不腐坏闻名，能存放一二十年，不少网民甚至把它的"超长保鲜期"当作一个梗。

超长保鲜的秘诀当然是使用大量防腐剂，所以汉堡王的这支广告和文案，不仅用了反常识的创作思路，让人耳目一新，还暗中揶揄了一把老对手，这种逆向思维能力以及文案中的言外之意，是人工智能文案永远学不会的。

能力三：洞察私人情感的能力

很多人工智能已经会写诗了。

诗，是人类情感的精练表达——从这个角度来说，人工智能似乎可以理解并表达人类的情感了，但这其实是一种假象。

人工智能写的诗，是随机生成的，它看似唯美，有意思，但其实都是人的主观解读，作为创作主体，它并没有主动营造意境的意识。

同样地，人工智能也理解不了复杂的、不讲逻辑的情感。

虽然人工智能在虚拟的世界里无所不能，但它无法体验真实世界，所以它"知道"悲欢离合，但体会不到悲欢离合中的微妙情绪，人工智能的情绪是由程序设计出来的，就像一块人工合成的牛肉，它有肉的味道，但不是真正的牛肉。

我让人工智能写两句歌词，体现"中年人感叹时间流逝太快"的意思，它这样回复：

岁月如梭，恍若白驹过隙，中年已至，忧思如潮水涌来。

没有一点洞察，不过是在堆砌关键词。

人类文案是这么写的：

也许我们从未成熟，还没能晓得，就快要老了，尽管心里活着的还是那个年轻人。

哪个中年人听到这样的歌词，内心不为之一颤呢？

能力四：捕捉时代情绪的能力

人工智能的学习能力毋庸置疑，虽然它可以收集数据、分析数据、重组数据，但它永远超越不了数据。

比如，你给它输入 2007 年中国社会发生的各种新闻，然后让它给世贸天阶写一句广告口号，它可能会写出"精彩的时代""未来更美好"，或者"全

新形态的商业街区"之类的文案，但它绝对写不出"全北京，向上看"这样
的文案。

　　比如，最近几年户外露营很火，小红书甚至专门发起了露营广告活动，
我让人工智能为露营广告活动写几句标题，呼吁大家去体验户外露营生活，
它这样回复：

　　　　拥抱自然，体验露营乐趣，邀您共赴户外之旅。

　　我提醒它：要体现露营带给人放松的感觉，不着急，不赶时间。它这样
回复：

　　　　慢下来，享受露营，让心灵与大自然共舞。

　　没惊喜没有改变，我已经"听出老茧"，还是看看人类文案怎么写的吧：

　　　　人就应该待在，没有天花板的地方，
　　　　别赶时间，就坐在那里等着时间。

　　后两句文案，是有时代属性的，放在十几年前，它不成立，只有在社会
节奏越来越快的情况下，这两句话才会如此动人。

　　不是所有人用的人工智能都是一样的水平，它也是千人千面的，你可以
把人工智能看成人的一个分身，它的水平有多高，取决于训练它的人类水平
有多高。

　　换句话说，你要担心的不是被人工智能取代，而是怎么不被更优秀的同

行取代，尤其是那些懂得利用人工智能的优秀同行。

不过上面的案例也证明了，人工智能虽然在创造性上不如人类文案，但对于日常的普通文案需求，它是完全可以满足的。

独立小店的老板、小型创业公司、开网店的个体户……这些群体可以尝试利用人工智能写文案，它几乎零成本、效率高，虽然写不出让人眼前一亮的文案，但协助你完成产品海报、详情页这些常见的任务是没有问题的。

总结一下

人类文案要想不被人工智能取代，就必须研究人性，并在创意路上另辟蹊径。如果只会简单地罗列信息，我们很难与人工智能海量的信息存储能力和高效的信息排列组合能力相抗衡。人类文案的优势在于，可以把没有感情的商品信息翻译得通情达理，让消费者看得明白，看得舒服，看着喜欢，也只有这样的人类文案，才有立足之地。

互动

仔细想想，依你现在的工作内容和工作能力，你会被人工智能取代吗？

第 13 章　如何用人工智能写文案

不管你是把人工智能当作下属、助手还是分身，只要你想让它给你打工，提高你的工作能力，那么你基本上逃不过以下步骤。

13.1　选择适合的平台

国内外很多人工智能平台都号称自己功能强大，能满足用户所有的创作需求。然而乱花渐欲迷人眼，怎样才能挑选到合适的平台呢？

首先，建议排除国外的平台。

我在前面说过，你喂什么内容给人工智能，它就给你吐什么内容，国外人工智能吃的数据偏向英文思维，而国内人工智能吃的数据偏向中文思维，更符合我们的实际需求。因此，没必要舍近求远。

其次，不推荐使用付费平台。

很多公司为追赶风口，急于推出一个半成品来做付费服务，但由于技术不行或数据不够，导致人工智能无法理解用户的具体需求，产出的内容质量无法令人满意。我曾经下载过一个平台应用程序（App），输入指令后，页面缓冲半天，却没有任何有效输出，大家没必要成为这种平台的小白鼠。

最后，选择文字功能强大的人工智能。

人工智能的功能确实很多元，包括写作、画图、聊天等。但考虑到我们的需求是文案写作，那就对症下药，别把时间浪费在作图功能强大的人工智能上。

综上所述，我的建议是选择"文心一言"。这是一款中文人工智能软件，它的功能非常强大，几乎能满足所有文字类的需求，而且它背靠百度这个大数据平台，产出的文案质量还是不错的。

13.2　使用正确的方法

工欲善其事，必先利其器。

如果想让人工智能给你写出符合需求的文案，你就要把你的需求清楚地告诉它，而清晰、准确地传达需求，并不是一件容易的事，你可以通过一些方法，反复训练它、强化它，让它越来越懂你的心思。具体应该怎样做呢？

首先，精准表达你的需求。

比如你想让人工智能帮忙写一张汽车海报的文案，你要告诉它：给 ××

汽车品牌写一张海报，标题要体现它的高颜值，内文应强调其高性价比，整体文案不超过 100 字。否则，它给你的内容则可能是千篇一律的，甚至完全不符合你想要的调性。

然后，调整生成的文案。

人工智能首次给出的文案，肯定还是套路化的风格，要么标题词不达意，要么内文繁复啰唆，你可以根据实际情况，有针对性地提出修改意见。人工智能最大的好处是不会生气，让它改一千遍一万遍都可以，只要你别生气就行。

最后，多和人工智能沟通。

如果你准备长期使用某个人工智能作为你的生产工具，那么你就要跟它多多沟通，像养宠物一样，每天跟它聊聊天，给它投喂一些有营养的好内容，它吃的好东西多了，吐出好作品的概率也就高了。

13.3　实操案例展示

假设我是一个个体户，开了一家早餐店，店名叫"在于晨"，下面我就让"文心一言"写一张海报文案，大家可以看看它的内容质量，以及我是如何用它修改并完成终稿的。

首先，在对话框输入：请为早餐店"在于晨"写一篇海报文案。

第一版：

> 在于晨，每一天的新鲜与美味
>
> 在黎明的微光中，我们为你开启一天的序幕
>
> 日出而作，早餐而食
>
> 在"在于晨"，我们用新鲜食材，制作出健康美味的早餐。豆浆、油条、包子、煎饼……每一口都是对传统的致敬，对美味的追求
>
> 新鲜，从清晨开始
>
> 我们挑选当季食材，坚持每日现做。为了你的早餐，我们从不妥协
>
> 与你同在，每一个晨曦
>
> 无论你在城市的哪个角落，只要你想吃早餐，"在于晨"就在你身边
>
> 开启一天的美好，在于晨
>
> 选择"在于晨"，选择一天的好心情
>
> "在于晨"早餐店，与太阳一同为你提供每一天的活力与能量

因为没给到详细的要求，它只能写出这种"什么都说了，又好像什么都没说"的讲话稿，于是我细化了要求：标题体现品牌特色，第一段阐述品牌理念"一天之计在于晨"，第二段介绍产品，有包子、油条、豆浆、山粉饺等，第三段呼吁大家把"在于晨"推荐给其他人。

第二版：

> 晨光之味，味在"在于晨"

"一天之计在于晨"，我们深信每一个清晨的开始，都是对生活美味的追寻

美味，从清晨开始

在"在于晨"，我们为你提供丰富的早餐选择：鲜嫩的包子、酥脆的油条、香浓的豆浆、滑嫩的山粉饺……每一口都承载着对传统的尊重与对美味的执着

分享美味，传递温暖

"在于晨"不仅仅是一家早餐店，更是一个分享温暖的社区。我们邀请你，将这份美味与温暖，与家人、朋友一同分享

"在于晨"早餐店，让你的一天从美味开始

虽然它给的还是套话，但至少在格式上看起来有模有样了，我再次提出修改意见：写得很好，在这个版本的基础上，在第二段加入产品的原料简介。

第三版：

晨光之味，味在"在于晨"

"一天之计在于晨"，我们深信每一个清晨的开始，都是对生活美味的追寻

美味，从清晨开始

在"在于晨"，我们为你提供丰富的早餐选择：鲜嫩的包子，由上等面粉与精选猪肉制作而成，每一口都能感受到食材的新鲜与手工制作的匠心；酥脆的油条，选用优质面粉，经过反复揉捏与炸制，呈现出金黄

酥脆的口感；香浓的豆浆，由黄豆精心研磨而成，口感丝滑，豆香四溢；滑嫩的山粉饺，采用山粉为原料，呈现透明而有弹性的质感。每一种产品都经过精心挑选的原料和精细的制作工艺，让你在早餐中感受到品质与美味的完美结合

分享美味，传递温暖

"在于晨"不仅仅是一家早餐店，更是一个分享温暖的社区。我们邀请你，将这份美味与温暖，与家人、朋友一同分享

"在于晨"早餐店，让你的一天从美味开始

我继续命令它：很好，但是篇幅太长了，整体字数再精简一点。

第四版：

晨曦之约，味在"在于晨"

一天之计在于晨，我们为你提供新鲜、美味的早餐

鲜嫩包子、酥脆油条、香浓豆浆、滑嫩山粉饺……

我们精选优质原料，为你带来味蕾的享受

分享美味，传递温暖

邀请家人、朋友一同品尝，让"在于晨"成为你美好一天的起点

"在于晨"早餐店，让你的一天从美味开始

字数少了，产品介绍也删光了，有些顾此失彼。

不过，经过三次调整之后，第四版的文案和第一版已经有了很大的不同，自己根据早餐店的特色，稍微调整其中的一些细节措辞，基本可以用这版文案应付日常需求了。

针对以上文案，我会这么改：

> 早餐不吃好，精力好不了
>
> 一天之计在于晨
>
> 吃好喝好，身体才有神
>
> 优质原料，味蕾享受
>
> "包油"套餐：鲜嫩包子＋酥脆油条＋香浓豆浆
>
> "油饺"套餐：酥脆油条＋滑嫩山粉饺＋香浓豆浆
>
> "包浆"小套餐：鲜嫩包子＋香浓豆浆
>
> 让你的一天，从美味开始

"包浆"这个词用在食品中一定会引发争议，但是不要紧，相信你只要看过套餐内容，便能会心一笑：原来是"包子豆浆"的简称啊。

有了这个思想起伏，消费者一定会对这一套餐印象深刻，如果这家店开在学校附近，学生们一定会用这个"玩梗"，不愁宣传力度不够。

总结一下

人工智能对人类文案的威胁，跟前些年流水线自动化技术的发展是一样的，技术的发展导致很多机器式的工人失业，但操控机器的工人不会失业。若不想被人工智能取代，你就要学会利用人工智能这个工具，让它辅助你更高效地完成基础工作，同时把时间、精力放在人工智能无法触及的领域：观察人类、理解人心、洞察人性，这样，你才能让人工智能成为你的得力助手，而非受制于它。

互动

你是从事哪个行业的，现在，你觉得人工智能写出的文案能满足你的工作要求吗？

第五部分

文案写作高手养成记

第 14 章　文案创作者的微创新之道

作家塞缪尔·约翰逊（Samuel Johnson）说："一个作者所具备的最令人赞叹的两项能力，一个是让新奇的事物看起来熟悉，另一个是让熟悉的事物看起来新奇。"

广告文案也是如此。

在广告公司里，大家一般会把文案创作者简称为"copy"，同事们当然没有坏心思，但也不可否认，很多文案创作者确实只会"复制"。

文案创作者的英文全称叫"copywriter"，由 copy 和 writer 两个单词组成，这两个词恰好可以用来判断一个文案创作者的水平。

刚入行的文案创作者要大量地模仿、借鉴，这样才能做到"写对"，这个阶段的文案创作者只能"copy"；有了一些经验之后，这些文案创作者就会在工作中产出一些原创想法，慢慢成了一个"writer"。

只会复制别人的想法，不是一个好的文案创作者，而全部自己创作，这也不现实。好的文案创作者，既不是纯模仿，也不是纯原创，而是微创新。

要把自己培养成一个能够微创新的文案创作者，我个人有三条经验。

14.1 扎实的知识储备

除了阅读，文案创作的微创新之路没有捷径。

从业十几年来，我一直保持着每年 40 ~ 60 本书的阅读量，平均每周读一本书。以前经常加班，到家都凌晨了，我还是会强迫自己早起，提前一小时到公司楼下，在肯德基买份汉堡和咖啡，边吃早餐边看书。

文案创作者经常要面对不同的客户，难免碰到知识盲区，阅读可以拓宽知识边界，让笔下的文案更具说服力。

做房地产广告时，为了给某个主打园林特色的项目写广告口号，我读完了《江南园林》；给某市的万达集团项目写创意简报前，我读完了《万达哲学》。

进入汽车广告圈时，我连驾照都没有，对汽车一窍不通，为了写好劳斯莱斯的文案，我购买了一堆汽车杂志，了解汽车构造。

后来我发现，劳斯莱斯不那么注重对硬件层面的表达，于是我又买了一些与奢侈品和劳斯莱斯相关的书：《奢侈的！》《画解劳斯莱斯》《从月球看劳斯莱斯》等，看完觉得还不够，我继续上网搜索与劳斯莱斯品牌相关的电影、官方视频，还有《超级工厂》这样的专业纪录片及《亿万富翁的有钱人生》这种偏故事向的纪录片，对劳斯莱斯及其客户群体大致摸了个底。

被调到特斯拉项目组后，我又把马斯克的传记、与特斯拉相关的图书和纪录片都翻出来看了一遍，还把特斯拉的发展历程、设计原理、核心优势等内容梳理成了一个几万字的文档，我敢说，当时全公司没人比我更了解特斯拉，包括我们的客户。

没有量的积累，别谈质的输出。

只有在脑子里储备足够多的素材，对品牌足够了解，才有底气跟客户沟通，写出来的文案才能让人信服。

14.2 日常的语感训练

文案写作想要实现微创新，需要有"滴水穿石"的精神，需要不懈的坚持和长期的磨炼。

武侠小说里真正的高手，往往不是背剑带刀或拿着奇怪武器的人，而是那些毫不起眼、两手空空的人，他们不需要随身携带武器，飞花摘叶皆可伤人，万物都是他们的武器。他们平时做了大量训练，形成了肌肉记忆，无论什么东西，只要上手，都能得心应手。

要成为文案写作高手，无论什么工作任务交到你手里，你都能快速、准确地写出合适的文案，就需要在平时坚持训练语感。我通常使用以下三种方法来训练语感。

（1）收集好内容

阅读文章或书籍时，看到精彩的内容就摘抄下来，存到自己的素材库里。好内容有很多形式，我一般将其分为三类。

一是写作文案的灵感素材。

刚工作的那些年，我从广告年鉴、广告网站、进口书籍里大量收集优秀作品，房地产、汽车、快消品、奢侈品，海报、电视广告、户外广告，不论什么类别，不论什么形式，只要是我觉得好的，我会统统保存到文件夹里。我如饥似渴，乐此不疲。每当我产生职业倦怠感时，就会去翻翻那些曾经激励过我的作品。

二是创作小说的参考素材。

比如，针对某个特殊群体的介绍、豪门内部矛盾或家族之间的纠葛、底层打工人的纪实报道、行业顶尖人才的访谈等，这些素材是我在现实生活中难以获得的一手信息，当我要虚构某些情节时，这些细节可以为虚构情节注入真实感。

三是包罗万象的其他素材。

这些素材可能是文学作品里让我耳目一新的表达方式，也可能是某篇文章里提到的独特观点，还可能是一句台词、歌词或高赞评论，我不知道它们未来有什么用，但就是喜欢，想收藏起来。就像有人旅游时总喜欢买一些小物件带回家，它们也许无用，但能够令人愉悦，这不就是一种有用吗？

（2）看图说话

很多人都说，现在是看图时代，没人读文案了——这话说对了一半。

现在确实是看图时代，但好文案还是有人读的，没人读的是那些画蛇添足的文案，它们既无法在理性上为画面增加信息量，也不能在感性上让人读了心生喜欢。

在广告公司的日常工作中，文案创作者要么"无中生有"——接到创意简报后先出文案，再进行设计；要么"看图说话"——根据现有的图片写出相应的文案，再交给设计师排版。

俗话说："拳不离手，曲不离口"。

想让自己的产出效率高、效果好，就要经常训练大脑的"读图"能力。读图，不是说看完图片内容就行了，而是要找出图片的亮点，找到一般人意想不到的切入点。也许几个字或几句话，就能赋予它完全不一样的生命力。

2018—2019 年，我在朋友圈和微博同时日更"北京生活图鉴"系列作品，每天拍摄一张北京的照片，有人有物，并为照片配上一句简短的文案，到了月底，把当月的照片集合成文章发布在微信公众号上。这吸引了很多网友的关注，有的朋友受此启发，也开始拍摄自己所在城市的生活图鉴。

2021—2022 年，我在老家生活，开始更新一个新的系列作品"农历年"。每天拍摄一张小县城或乡村的照片，配上三行诗，用这种方式来记录一年四季的光阴变化，以及我对生活的粗浅感悟，年末把三百多张照片汇总发布在微信公众号上，当作一本厚厚的"时光明信片"，寄给未来的自己。

这两个"看图说话"系列作品，给我带来了以下收获。

一是提高了我的文字敏感度。

我每天的工作就是写东西，琢磨怎么把目标产品写得"高大上"，时间久了，思维习惯会越来越固定，而每天为新鲜的照片配文，可以帮助我打开思路，让我的大脑更灵活地看待图片与文字的关联，避免陷在文字"茧房"里出不来。

二是让我从手机里抽离出来。

手机是个好东西，它让我更方便地与人交流、获取信息；手机也是个坏东西，它让我上瘾，沉迷于其中难以自拔。

在更新"北京生活图鉴"系列作品之前，每天上下班的路上我都在看手机，有时坐错了方向，有时坐过了站，有时看得太久，整个人都恍惚起来，觉得整个世界都不真实了。而拍摄计划让我的注意力从屏幕转向了真实的世界，当我在平凡的、琐碎的生活中，记录下有趣的、美好的瞬间，那种满足感，是任何手机应用程序都给不了的。

三是与生活重建链接。

在北京生活十几年，除了上班，就是睡觉、阅读和看电影，我熟悉这座城市，却不熟悉生活在这座城市中的人，而日拍计划让我在熟悉中重返陌生。

我记录下了独自吃饭的打工者、着急送餐的外卖员、吵架的恋人、可爱的孩子、组团出游的阿姨、路边闲侃的大爷、安静阅读的少女、深夜值班的保安……每一张面孔，都是一个像素，而无数张面孔，拼出了一张北京的大图景。很多文案的洞察，就藏在这些生活的图景中。

（3）给作品挑刺

文案创作者每日要三省吾身：今天的文案写得对吗？写得好吗？还能更好吗？

要自信，但不要自满。

要批判性地看待自己的作品，尤其是已经发布的作品。

每次我看到自己以前写的文案，不管是海报、文章还是其他类型的作品，都会下意识地去找其中的不足之处，并在脑海里给出一种更好的表达。

生活中，我也经常"犯职业病"。

电梯广告、户外大屏、路边围挡、被扔在地上的单页……一看到文案，我就想分析它：这个标题写得好吗？内文结构清晰吗？如果交给我，我会怎么写？

举个例子。

我在老家县城看到某楼盘的围挡广告，大标题是"可以×××里，何必世界外"，×××是开发商的名字。

这句话想强调一种"荣归故里"的感觉，但文案的口吻和楼盘的气质格格不入，明显是广告公司把其他项目的文案换个名字直接搬过来了。

"×××里，世界外"这种对仗手法，在文案创作中很常见，前半句是可以的，问题出在后半句。

广告文案要符合目标客户的定位，"世界外"三个字放在一、二线城市的豪宅，或者沿海城市的高端楼盘上，是契合的，因为这些地方有其目标客户。

而一个县城里的普通中档小区，建筑本身没有突出亮点，目标客群也并不一样，如果强行拔高，则会显得不伦不类。

用文案拔高项目形象，是没问题的，但不可好高骛远，哪怕改成"荣归故里，都住×××里"，也比"可以×××里，何必世界外"好，前者有明确的目标对象，有购买理由，而后者只是一个模棱两可的文字游戏。

写文案是一种游戏，但千万别让文案里只有文字游戏。

14.3　多元的创作热情

copywriter的价值，不在于copy，而在于writer。

你要成为一名文案创作者，尤其是一名懂得"微创新"的文案创作者，就不能只考虑写文案，你要把自己变成"六边形战士"，这并不是说你什么都要掌握、都要精通，而是你要保持创作者的状态，一直输出内容，不论你创作的是什么形式的作品。

我们要多培养自己的兴趣爱好，对世界始终抱有一份好奇心，做一个有趣的人，做一些好玩的事，也许在不知道的某一天，某个爱好就会给你的工作加分。

年轻时，我自学了一点乐理和吉他，工作之余会写歌自娱自乐。2015年，我服务于燕郊的一个叫"早安北京"的楼盘，每个月都要给客户写创意简报，能想到的创意都想遍了，有一次客户又要创意简报，实在没主意了，我提议：不如给项目写一首主题歌。

老板笑了一声："你还是琢磨点靠谱的主意吧。"

那次的创意简报，毫无亮点，我看客户老板的脸色不太好，临时献计："×总，其实我还给项目写了一首歌。"

对方一听，眼睛一亮："放出来我听听。"

我说："今天来得匆忙，录音样带还没做好，下周例会时我带过来。"

对方说："好，我很期待你的作品。"

当天下班回家，我用半小时写完曲子，并以项目名《早安北京》作为歌名，填上了歌词，又花了 2000 元找人编曲、录音。

在第二周的例会上，我播放了这首歌。客户老板一听完就表示非常喜欢，并邀请我在开盘典礼上表演。年底，他们还邀请我参加公司的年会。我作为一个乙方打工人，受邀参加甲方年会，这可是破天荒头一次。客户还给我颁发了"年度最佳创意奖"，我和那批客户都成了朋友。

后来我换了家公司，有一次，快消组的同事给面向中老年客户的雀巢奶粉写创意简报，想做一场"走心"的活动，听说我会写歌，便来找我帮忙。

我用周日一下午的时间，完成了作词和编曲。

我想对你说

小时候，我常常，一个人站在窗前
仰着头，望着天，等待夕阳落下去
等待门铃响起来，等待你拥我入怀
眼神里充满疼爱
长大后，离开家，来到城市里生活
每一天，每一年，站在拥挤的地铁
看着你最近照片，逐渐苍老的容颜
已经好久没相见
我想对你说一句，这些年谢谢你
我希望你在家里，要好好保重身体
我想对你说一句，我一直都爱你
这一生有多幸运，能被你如此珍惜
爱是唯一奇迹
世界上，所有爱，都以相聚为目的
唯有你的爱里，早就注定了别离
多年后我成了你，才懂得这个道理
时间已经来不及
很多年，很多话，一直藏在我心底
每一次，到嘴边，又悄悄地咽回去
没说出口的想你，化作这一段旋律
让它唱出我的心
我想对你说一句，这些年谢谢你

　　我希望你在家里，要好好保重身体

　　我想对你说一句，我一直都爱你

　　这一生有多幸运，能被你如此珍惜

　　爱是唯一奇迹

　　这首歌是"以公谋私"之作，是我写给妈妈的。

　　歌曲一发到群里，工作群就变成了夸夸群，大家感同身受；歌曲给到客户后，同事说客户当场听哭了，但因为那个活动的调性是偏欢乐的，而这首歌"太苦了"，所以最终没用上。

　　我很理解客户的顾虑，由于时间紧迫，写这首歌的时候，我太专注于个人感受，忽略了它的商业属性。对我来说，虽然它被客户拒绝了，但我还是很喜欢它。

　　2022 年春天，我的妈妈去世了，想她的时候，我就会去听一遍。

总结一下

　　不管别人会不会叫你 copy，你给自己的定位一定要是 writer，要抓住一切机会阅读，大量吸收真正有营养的知识，养成练笔的习惯，培养兴趣爱好，坚持输出，以文案为核心，构建你的"六边形护城河"。

互动

　　你是怎么安排你的工作闲暇时间的？你训练自己对文字敏感度的方法是什么呢？

第 15 章　文案创作者的四个阶段

饭要一口一口吃，路要一步一步走，如果你想成为一个优秀的文案创作者，就该清楚它的职业生涯大概分为几个阶段，每个阶段需要具备什么样的能力，以及自己当下处于哪个阶段。这样，你才能有的放矢，走得更远。

文案创作者的价值，取决于他产出的内容的价值，而不是他从业时间的长短。有些人入行两三年，就能写出极为出彩的文案，圈内叫好，圈外也叫座；而有些人干了十几年，仍然说不清楚文案到底是怎么回事儿，遇到不同意见却又说服不了对方时，就气呼呼扔下一句："我十几年都是这么写的，用得着你教我做事？"

十几年都用同一套经验，还好意思说。要是真有本事，可以摆事实，讲道理，说得对方心服口服，拿"资格老"去"绑架"对方，算什么好汉。更何况，在广告圈，年龄大又未必是优点。

我个人判断文案创作者水平的方法，是看他的创作基本盘里装的是什么：初级水平装的是词汇，中级水平装的是策略，高级水平装的是洞察，顶级水平装的是故事。

15.1　初级文案创作者：喜欢遣词造句

文案是文字排列组合的结果，刚入行的新人还没有对这个职业建立起系统认知，既没有技巧，也不懂方法论，只能靠着对文字的敏感度，变着花样地描述产品的卖点。

如果让一个新人为某款徒步鞋写一张品牌海报文案，他可能会这样写：

> 全新科技，开启徒步新篇章
>
> 千里之行，始于脚下
>
> ××徒步鞋采用全新科技
>
> 更强抓地力，保护双脚不受伤
>
> 防水鞋面让您无惧风雨
>
> 任何地形，都任您通行

你告诉他，品牌海报不需要强调那么多卖点，要体现"勇敢探索、突破自己"的品牌精神。他说他明白了，第二天交给你的新版本，把"开启徒步新篇章"改成了"探索未知之境"。

你并不满意，但也知道，如果再让他改，他也只会在遣词造句这个维度上兜圈子，因为他手里握的不是"金刚钻"，揽不了"瓷器活"。

15.2　中级文案创作者：钻研品牌策略

词汇的尽头是策略。

干了几年遣词造句的体力活之后，但凡有点追求的文案创作者，都应该去钻研策略了。

策略，就是了解品牌的气质，知道它要跟哪些人打交道、它想去哪里。文案是路基，美术是沙石，它们是品牌抵达目的地的路径。

懂策略的文案创作者，一般是资深文案或文案指导，一张创意简报交到他手里，他很快就能明白这次的任务是什么，要用什么调性去跟消费者沟通。

同样的徒步鞋品牌海报，他们可能会这样写：

> 步入新天地，遇见新自己
>
> 扔掉过去，才能更好地迎接未来
>
> 在辽阔的大地上，每一步都充满挑战与奇遇
>
> ×× 徒步鞋，陪您一起探索未知之境

文案的气势有了，品牌的调性也有了，再配上美术画面，怎么看都是一份合格的海报文案，让人挑不出什么毛病。

事实确实如此，品牌向的广告不需要背负关键绩效指标（KPI），文案本身也不以刺激用户下单为目的，能做到虚实结合、刚柔并济，已经足够满足大部分品牌的日常需求了。

15.3　高级文案创作者：深挖人性洞察

　　策略的尽头是洞察。

　　能够挖掘出精彩洞察的文案创作者，一般已经坐上了资深文案指导甚至创意总监的位置，他们清楚自己笔下的文字代表谁、是写给谁看的，在信息准确、调性匹配的基础上，还懂得将"说人话"与"说漂亮话"相结合，该说什么、不该说什么，心中都有数。

　　他们可能会穿上这双鞋，亲自去山里走一走，感受它的各种性能，并把产品优势融入人生追求。如果让他们写徒步鞋品牌海报，他们可能会这样写：

> 用脚印，为崎岖盖章
> 所有的路都是死胡同，不去走，永远走不出去
> ××徒步鞋，将崎岖踏成坦途

　　我这么写，是为了让大家更容易理解。在现实中，中级文案创作者和高级文案创作者的区别往往并不明显，有时甚至只需要调整几个字，整篇文案的气质就截然不同。

　　遗憾的是，大部分文案创作者的能力和追求也就止步于此了，因为中级文案已经能够满足大部分客户的日常需求，所以留给高级文案的机会并不多。

　　得不到更高阶锻炼机会的文案创作者，其专业水平只能止步不前。一

旦面对顶级需求的创意简报，他们要么承认自己力所不能及，把机会拱手让人，要么硬着头皮扛下来，成功了则名利双收，失败了则是品牌方吃哑巴亏。

这种现象催生出了文案圈的马太效应：能承接顶级创意简报的人，品牌方上赶着请他；没写过顶级文案的人，即使倒追品牌方，也得不到机会。

但是，没写过顶级文案，不代表写不了。

很多有才华的文案创作者，只是缺一个证明自己的机会。但现实就是这么残酷——你不能证明自己能写顶级文案，就得不到写顶级文案的机会。

15.4　顶级文案创作者：讲好商业故事

洞察的尽头是故事。

很多企业家和广告大师都认为，顶级品牌必定是人格化的，它有秉性，有态度，有价值观。它不会像墙头草一样左右逢源，却能让消费者坚定不移地追随。

品牌人格化，需要通过文案来实现，而顶级的文案创作者，一定是讲故事的高手。

中国有句古话："动之以情，晓之以理。"这句话的意思是先用感情来打动别人的心，再用道理来使别人想明白。情排在理的前面，这是有科学依据的。

前文中，我在讲黄金圈理论时提到过，人的大脑表层负责理性，由它判断对不对，而大脑深层负责感性，由它决定要不要。大部分广告说服不了消费者，就是因为那些文案都是在罗列产品的卖点信息，都是在和消费者的理性沟通。

问题是，理性是大脑的"打工人"，只能提供参考，感性才是大脑的"老板"，是决策者。如果没说服老板，你和下属谈得再好也没有用。

我们为什么痛恨"标题党"，却又一次次地上"标题党"的当呢？因为"标题党"总是能用一句话就成功勾起"老板"的好奇心。

所以，顶级文案创作者（一般是首席文化官或首席营销官）在落笔之前，不会拿着产品资料一顿冥思苦想，思考怎么把它们写得含金量十足，而会考虑真正的重点：这篇文案是想让用户掏钱，还是"掏心"？

想让他们掏钱，就要说白话，想让他们"掏心"，就要说情话。

群玉山咨询的董事长兼首席策略官马晓波，应该是中国顶级文案创作者之一，他是这样写徒步鞋品牌文案的：

踢不烂，用一辈子去完成

忘了从什么时候起

人们叫我踢不烂

而不是 Timberland

从那阵风开始

当我被那阵风轻吻

被月光、星光、阳光浸染

被一颗石头挑衅

然后用溪流抚平伤痕

当我开始听到花开的声音

当我不小心闯对路，又认真地迷过路

当我经历过离别，又曾被人等待

当我需要、被需要

我知道，已和一开始那双崭新的 Timberland 完全不同

在时光里

我变旧、变皱

用伤痕覆盖伤痕

每天，当太阳升起

我又是全新的

我走的时候叫 Timberland

回来时，才叫踢不烂

但踢不烂的故事

还远远未完成

　　你要写鞋，就不能只写鞋。你要写它经历过的风雨、面对过的挑衅，你要写它令人惊艳的初貌、勋章般的伤痕，你要写它的过去、现在和未来。

　　在这篇文案里，添柏岚（Timberland）不再是一双鞋，而是一个有阅历、不服输、在岁月的磨砺中蜕变得更好的"人"，这是一段自我独白，也是一段内心剖白，所以它足够动人。

　　以上初级文案创作者、中级文案创作者、高级文案创作者和顶级文案创作者的文案示例，是我拟写的大致参考，不完全代表现实中各阶段文案创作者的真实水平。

总结一下

　　喜欢遣词造句、钻研品牌策略、深挖人性洞察、讲好商业故事，是我总结出的对不同阶段的文案创作者的大概区分标准，它并不严谨，也没有经过官方认证，请勿把它当作绝对参考标准。另外，无论在哪个阶段，文案创作者都应该"眼高手低"：眼高，就是审美上提高鉴赏力，多看优秀作品；手低，就是干活时能放下身段，不要因为看过一些优秀作品就觉得自己也是大师，也不要脱离具体语境去评判或创作文案。

互动

　　你评判文案创作者水平的标准是什么？在你的标准里，最优秀的文案创作者是谁？

第 16 章　文案的精进书单

有网友在我的自媒体账号里评论，让我推荐书单，一开始我是拒绝的。我认为，如果一个人连自己该看什么书都不知道，那就干脆别看了。

后来我反思自己，觉得这个想法有些偏激了。

我认为，很多人不知道自己该看什么书，主要有两个原因：一是现在的书太多，而很多人又没什么阅读经验和习惯，因此确实很难找到适合自己的书；二是已经出版的书质量良莠不齐，再加上营销号的夸大宣传，把烂书捧成好书，很容易误导读者，或者明明是写 Z 的书被宣传成是写 Y 的书，违背了读者的预期。考虑到这些，我决定结合自己在阅读过程中捡到的"宝"和掉过的"坑"，给想从事文案工作的朋友推荐一些书单。

看书和吃饭一样，不能挑食，什么都要吃一些，所以我的书单比较杂，一共十个类目，其中有两个"三部曲"系列，一个八本合集，总共四十本。如果你的阅读速度不是很快，这些书应该够你看一年了。

文案、营销、产品、商业这四个书单，是文案创作者的必读书单。

随着经验的增长，文案创作者的自我要求也应该越来越高，要学会在单一的乙方（文案、营销）视角上，逐渐融入甲方（产品）视角、产业（商业）视角，这样写出来的文案才会更透彻。

电影和文学这两个书单，是从艺术领域提供灵感参考，帮助你拓宽创作思路的。尤其是文学书单，我推荐的都是纪实文学，你不仅可以从中学习叙事的文笔，还能了解这个社会会被什么样的故事打动，以及如何在文案中融入真实感。

心理学和传记这两个书单，本质上都是在研究人。而广告恰好是一门研究人的学问。你能从前者看心理学理论在个体身上是怎么发挥作用的，影响我们日常决策的原理是什么；从后者看个体的行为背后都有着什么样的思维方式，他们那样做带来的结果是什么。

哲学书单是启发人思考的。作为文案创作者，你应该有野心。往浅了说，你要挖掘人性的共性；往深了说，你要引导某些社会思潮。如果你不去思考甚至不去了解那些形而上的终极问题，缺乏思辨精神和思辨能力，又怎么去影响他人呢？

还有很多我觉得非常值得一看的书，由于类别和数量限制，我没有把这些书分入一个明确的类目，但我选了两本放在最后的"其他书单"中，算是"夹带私货"吧，你可根据喜好自行选择。

特别声明　　书单里的每一本书，都是我看过并且有所收获的作品，但

并非每一本都是高分之作，也不一定每本都符合你的阅读口味，希望你在阅读时不要尽信书，也不要尽信我，择其善者而从之，其不善者而改之。

16.1　文案书单

《科学的广告》

奥美广告公司员工的七本必读书之首。

这本书通常和克劳德·霍普金斯（Claude C. Hopkins）的另一本著作《我的广告生涯》捆绑销售，在这两本书里，你不仅可以看到一个人如何通过努力从无名小卒成长为年薪百万的文案创作者，再到成为创造现代广告的六大巨人之一，还能看到众多令人拍案叫绝的广告案例。本书首次出版是在1923年，作者提到的优惠券、免费试用这些方法，至今仍为全世界的广告行业所沿用，可见其理论之经典。

《文案的基本修养》

奥美广告创意总监的传道课。

我入行之初就关注了东东枪的个人博客"枪·东东枪的枪"，他行文简洁、观点独到、文字诙谐、经历丰富；制作过网络电台，导演过舞台剧，担任过情景喜剧《我们一家人》的总编剧，是个真正的"六边形战士"。他让我觉得，会写文案的人都是有趣的人。这本书从工作态度、工作流程、创作思路等多个角度，事无巨细地描述了文案创作者的基本修养，看似是一本初级指南，实则是一本高级读物。它旨在"传道"而非"教术"，为文案创作者们奠定了坚实的基础。

《南方周末写作课》

文字从业者的案头书。

　　《南方周末》以善于写特稿著称，所谓"特稿"，简而言之，就是把严肃的主题和内容情节化、故事化，一篇特稿就是一部短片剧本。在这本书中，你会读到《南方周末》团队首次公开的"五步故事法"：选题的捕捉、结构的搭建、线索的获取、叙事的质感、细节的呈现。书中通过对大量真实案例的拆解，以及对优秀特稿代表作的分析，教你怎么把一个故事写得既深刻又抓心，这对于写微信公众号文章和视频脚本都非常有帮助。

16.2　营销书单

《影响力》

　　豆瓣"热门市场营销图书"第一名。

　　我看这本书时，心里频频发出"原来是这样"的感叹，它拆解了很多生活中常见行为背后的原理。它是一把好矛：如果你是营销人，可以用它去影响消费者的购买决策；它也是一块好盾：如果你是消费者，可以用它识破商家的诱导心机。建议大家看新版，新版新增了近 10 万字，包括上百个商业、管理、科技、个人成长、家庭教育等方面的全新案例。

《让营销变简单：北美广告教父的 15 堂营销战略课》

　　北美广告教父的战略营销秘籍。

　　这本书共有 15 章，细致描述了广告的基本内核和营销原则，它们可以帮助文案创作者了解活动背后的逻辑，让你下笔时更有针对性。

《华与华方法》

华与华公司根据多年实践总结出的九大原理。

"企业三大原理"是给公司创始人看的，让他们找到创业初心；"品牌三大原理"是给企业和营销公司管理层看的，让他们明白如何坚持并维护企业初心；"传播三大原理"是给广告公司的策略美术文案看的，让他们明白如何让企业初心最大化、如何让企业在为社会做贡献的同时还能盈利。尽管华与华在广告界备受争议，但我认为，放下成见才能让自己更强大。每一种方法论都有其局限性，4A 作业体系和华与华作业体系，面向的是不同类型、不同阶段的企业和品牌，不必争对错，择其善者而从之就好。

16.3　产品书单

《参与感：小米口碑营销内部手册》

小米联合创始人讲述公司创业的内部故事。

小米这个品牌在诞生之初，就展露出了惊人的生命力：它是中国第一个让粉丝参与开发系统的品牌，也是第一个因产能跟不上销量而被误解成饥饿营销的品牌。这本书其实是在告诉广告人，品牌美誉度和忠诚度是怎样建立的。品牌联合创始人把内部思路掰开揉碎地讲给你听：为什么那些年小米的新品总是被疯抢？为什么粉丝会主动帮忙营销？看完产品的孕育和诞生过程，你产出的文案或许会更打动人。

《上瘾：让用户养成使用习惯的四大产品逻辑》

为什么某些应用程序会让你无法自拔？

打造一款让用户欲罢不能的产品，是产品经理的任务，而了解这款产品背后的设计原理，有助于文案创作者理解"用户黏性"。"微信读书"应用程序完全与书中提出的上瘾模型相吻合——触发：朋友圈分享；行动：下载应用程序再下载书籍；多变的酬赏：阅读时长排名＋免费阅读天数＋收获知识的满足感；投入：每天一有时间就想打开看看——我就是在微信读书上读完这本书的。

《一切行业都是娱乐业》

所有行业都值得用娱乐业法则重做一遍。

这本书提出了娱乐业三大法则：始于产品，陷于体验，忠于情感。在这个体验经济时代，创造商机的不再是产品，而是情感，只有当产品和服务被体验包装起来，和客户建立起牢靠的情感联系时，品牌才能在高饱和的市场中脱颖而出。

16.4　商业书单

《定位：有史以来对美国营销影响最大的观念》

如果只看一本营销书籍，那就看《定位：有史以来对美国营销影响最大的观念》吧。

可以说，市面上所有关于营销的书，不管作者提出什么新概念或新名词，骨子里还是在强调"定位"：企业经营的本质是争夺顾客，争夺顾客的核心是打赢心智战，打赢心智战的前提是让顾客清楚地知道你的与众不同之处。哪怕有人说"定位"过时了，提出"反定位"的概念，其实本质上它的方法还是"定位"，万变不离其宗。这就是它被称为有史以来对美国营销影响最大的观念的原因。

《周鸿祎自述：我的互联网方法论》

打造一个互联网产品并让它盈利的秘籍。

"红衣教主"周鸿祎首次讲述自己的互联网观、产品观和管理思想，其价值观和方法论与同年华与华出版的《超级符号就是超级创意：席卷中国市场10年的华与华战略营销创意方法》惊人地相似。其实书里说的都是常识，但所谓知易行难，真正厉害的是把理论付诸实践。站在行业金字塔尖的人，完整地分享自己的商业哲学，肯定比纸上谈兵的"互联网专家"的分享更有价值。虽然这本书出版于2014年，但它依然值得一读。

"详谈"系列

"详谈"系列可能是中国最好的商业访谈。

采访者李翔，曾任《第一财经周刊》总主笔、《经济观察报》主笔以及《财经天下》主编，他以观察者视角，采访了最近十来年中国商业领域（后来也加入了创作领域）异军突起的代表。我只看过其中八本，分别是关于BOSS直聘创始人赵鹏、链家创始人左晖、瓜子二手车创始人杨浩涌、新荣记餐厅创始人张勇、三顿半咖啡创始人吴骏、水滴筹创始人沈鹏、小罐茶创始人杜国楹和电影《无名之辈》的导演饶晓志的深度访谈。每本书中，人物的分享都真诚、深入、系统，干货满满。看"大神"们从零开始"打天下"，最后各成一方"霸主"，比追剧更过瘾。

16.5　电影书单

《剧本：影视写作的艺术、技巧和商业运作》

全美大学中最好的影视专业主席之一，手把手教你写剧本。

如果只看一本教人写剧本的书，我推荐《剧本：影视写作的艺术、技巧和商业运作》。与罗伯特·麦基（Robert Mckee）那本学术味道浓厚的《故事：材质、结构、风格和银幕剧作的原理》相比，理查德·沃尔特（Richard Walter）的这本书风格幽默，从剧本格式到修改方法，把创作过程讲得通俗易懂。书中有个悬疑故事案例，只用了 100 多字，就营造出了惊悚的氛围，还带出反转，非常精彩，也难怪他的学生能获得那么多奥斯卡奖和金球奖。

《诺兰变奏曲》

导演克里斯托弗·诺兰（Christopher Nolan）亲自分享电影幕后的创作过程。

从 1999 年出道至今，诺兰一共拍摄了 12 部电影，其中竟有 6 部进入豆瓣电影 TOP 250 榜单。科幻、悬疑、历史、人物传记，各种风格他信手拈来，这种类型"通杀"、叫好又叫座的能力，值得每个创作者研究。在这本书里，诺兰首度亲自解说 11 部长片和 4 部短片，包括剧本灵感、故事板、概念手稿、电影结构思维导图，是 2023 年让我最有收获的书，也是研究他创作思路的最佳素材，没有之一。

"寄生虫"系列

"寄生虫"系列讲述了奥斯卡获奖影片《寄生虫》的完整诞生过程。

《寄生虫》是一部内容有争议，但创作技法无可挑剔的电影，这个系列包括两本书：第一本是《寄生虫：原创剧本》，从这本书中我们可以看到这部电影从创意萌芽到完成终稿的过程，学习导演修改故事结构的方法；第二本是《寄生虫：电影分镜》，从这本书中我们可以看到这部电影的完整场次分镜全稿，包括成片未呈现的戏份和删减、改动的镜头，学习导演把文学剧本转换成镜头语言的方式。

这份书单推荐的都是大师课，是极其珍贵的一手创作经验，希望对你有所帮助。

16.6　文学书单

杨本芬女性三部曲《秋园》《我本芬芳》《浮木》

一位女性眼中的中国近代婚姻与家庭史。

一位80多岁的老奶奶，决定在厨房里用纸写下她母亲的一生，这便是《秋园》的源起。书中轮番登场的亲人们，历经中国特殊的历史时期，成了中国半个多世纪的缩影。《秋园》之后，杨奶奶接着推出了讲述其60年婚姻故事的自传《我本芬芳》，以及记录南方乡村农民生活的《浮木》。这个系列作品最打动我的是其中对女性力量的展现。尽管杨奶奶一生颠沛流离，她却始终以温柔对待这个世界，她的作品为无数女性带来了共鸣与勇气。

《羊道三部曲》

哈萨克牧民的一年与一生。

《羊道三部曲》记录了李娟跟随哈萨克族的扎克拜妈妈一家，在新疆阿勒泰地区过游牧生活的日子。这是我第一次看李娟的书，她的文字朴实、生动，有浑然天成的幽默和洗净铅华的美感，很容易让人沉浸于书中，跟着扎克拜妈妈、斯马胡力、卡西一起不断地迁徙，不断地喝茶，不断地经历漫长又短暂的四季。只要她能一年一年写下去，我就能一年一年看下去。

《我在北京送快递》

一个普通"北漂"酸甜苦辣的生活。

作者胡安焉在过去的十几年里干过近二十份工作：便利店员、服装店主、销售、网店运营、快递员……他几乎都是用繁重的体力劳动来交换微薄的薪水，无暇去完成自己喜欢的阅读和写作，因此每份工作都干不长。他看似一直在逃避，其实是在寻求一种平衡—— 一种只干分内事、不必过度社交且有时间阅读写作的平衡。他后来意识到：怀着怨恨的人生是不值得过的，一个人无论在哪里、在做什么，只要保持自省与记录，就会有发光的一天。

16.7　心理学书单

《乌合之众：大众心理研究》

社会心理学领域最有影响力的图书之一。

该书自出版以来，被翻译成了 20 余种语言在世界各地出版，法国《世界报》称它为"改变世界的 20 本书"之一。书中主要阐述了个人与群体的关系，以及群体的心理特征：情绪化、无异议、低智商。书中对群体心理特征的阐述很尖锐，也招来了争议，有人觉得它说得太绝对，但我认为话糙理不糙，某种程度上它可以帮助文案创作者理解群体行为，进而影响广告创作。

《理性的非理性：谁都逃不过的 10 大心理陷阱》

看完这本书，你以后可能会少花很多冤枉钱。

在现实生活中，人们经常做出各种非理性的决策，事后明白过来又捶胸顿足，可过几天又会重蹈覆辙。这本书把心理学和经济运作规律结合起来，很通俗地讲了 10 个常见的非理性思维，通过大量案例描述问题，并提出解决之道。总之，只要看透人的非理性行为，就能洞悉商业和人性的本质。

《为何家会伤人》

原生家庭问题的病因和药方都在这里。

这并不是一本严谨的学术著作，书中的很多案例都没有实验或数据支撑，看起来很像心灵鸡汤，但生活经验会帮我们判断书中的内容到底是空洞无物的鸡汤还是言之有物的理论。我认为，它比较准确地阐述了多数人的父母、朋友及自己的心理问题的源头，也对多数亲密关系中人们互相伤害的行为给出了相对合理的解释。

16.8　传记书单

《史蒂夫·乔布斯传》

在我心中，乔布斯是近 50 年来全球最伟大的品牌创始人。

作为社会人，乔布斯是个"混蛋"，他讲话直言不讳，对愚蠢的人尖酸刻薄，在管理上是个"独裁者"；作为品牌掌舵者，他拥有很高的艺术修养，追求完美主义，精力充沛，对创造一款伟大的产品充满激情，是一位极具创造力的企业家。这种复杂性让他的人生如过山车般跌宕起伏。他创造出的苹果电脑（Mac）、苹果播放器（ipod）、苹果平板电脑（iPad）、苹果手机（iPhone），对全世界影响至深。

《天生有罪：特雷弗·诺亚的变色人生》

看贫民窟穷小子怎么逆袭成为全球最有影响力的人之一。

在种族制度非常严格的南非，跨种族结合是犯罪，作者特雷弗·诺亚（Trevor Noah）的母亲是非洲裔，父亲是欧洲裔，因此他"天生有罪"。他在犯罪一条街长大，成天跟黑帮打交道，是母亲的幽默、乐观与智慧，帮他摆脱了暴力与贫穷的怪圈，让他从南非的贫民窟走向了世界舞台。作为脱口秀演员，特雷弗的文笔极其老练，那些惊险苦难的成长经历，在他的笔下却变得幽默感人，他乐观的精神、戏谑生活的态度，对我们很有裨益。

《一生的旅程：迪士尼 CEO 自述批量打造超级 IP 的经营哲学》

漫威宇宙、星球大战、迪士尼动画的幕后掌舵者。

2005 年，迪士尼风雨飘摇，罗伯特·A.艾格（Robert A. Iger）临危受命，他邀请乔布斯加入董事会，招募约翰·A.拉塞特（John A. Lasseter）拯救迪士尼动画，并购皮克斯、漫威、卢卡斯影业及21世纪福克斯，参与创建上海迪士尼乐园，推出流媒体Disney+……这些传奇故事给我的启发是：一个职场人该如何披荆斩棘，完成宏大目标。简单来说，艾格遵循了两个原则：大处着眼，小处着手。这八个字是每一位优秀管理者、领导者的必备素质，也是每个人做人生规划时的标尺。

16.9　哲学书单

《莱布尼茨不是黄油饼干：将哲学追问到底》

藏在父女闲聊问答里的日常哲学。

这是一本通俗易懂的哲学启蒙书，用对话的形式，把"死后还有没有生命、生命的意义何在、神是否存在、宽容是不是让我们更幸福"这些哲学问题，融入日常生活，帮助我们更好地面对人生旅途。哲学就是不停地追问和探索答案，每个人都是天生的哲学家，只是越长大越不想思考，可是，总有那么一些时刻，当你从一个新角度去理解问题，当你苦苦思索的问题终于找到答案，你一定会感到非常惊喜……不要拒绝哲学，多思考吧。

《大问题：简明哲学导论》

引导普通人进入真正思考的大门。

罗伯特·C.所罗门（Robert C. Solomon）虽然是大学教授，但他写书时都把读者当成孩子，预设读者一点都不了解哲学，从最基础的命题开始和读者讨论，循序渐进，不知不觉中，读者已经被他带入了哲学殿堂。你可能会发现，困扰自己的很多问题其实早就被古人讨论过了。《莱布尼茨不是黄油饼干：将哲学追问到底》和《大问题：简明哲学导论》都是哲学启蒙书，不同之处在于，前者更日常化、生活化，而后者更系统化，希望你每天抽出哪怕15 分钟，放下手机，打开书本，享受思考的快乐。

《中国哲学简史》

冯友兰的经典著作，中国古典文化入门读物。

西方哲学侧重于论证，把问题给你解释透了；东方哲学侧重于论道，引导你自己去开悟。前者是"智"，后者是"慧"，这是我理解的东西方哲学的一些差异。冯友兰先生的这本书，同样以深入浅出的方式讲解中国哲学，是许多大学的通用教材，也是每个中国人都应该读一读的智慧书，不管是对于为人处事，还是修身养性，都大有益处。

16.10　其他书单

《谷歌方法》

如何用 6 年时间打造一款月活用户超过 10 亿的伟大产品？

这本书描述的情节之跌宕起伏，完全可以当美剧来看：一个普通上班族加入创业团队，打造出地图产品，该产品被谷歌收购；在大公司经历各种办公室斗争，他为了维护用户利益，同时接连打造出谷歌地球、谷歌街景等创新产品；功成名就后，他又被派到小城市"开荒"创造新产品……在这本书里，你可以看到现代创意精英怎么把传统商业原则扔到一边，用新技术创造自己想要的世界。虽然行文平铺直叙，但内容真的非常精彩。

《演讲的力量：如何让公众表达变成影响力》

TED掌门人亲自传授公开演讲的秘诀。

演讲是很多人（包括我）的噩梦，当众说话的恐惧不亚于让我脱光衣服表演节目，但是反过来想：一个人如果能克服这种恐惧，做什么不能成功呢？克里斯·安德森（Chris Anderson）总结了他指导全球知名人物演讲的五大关键技巧，教你怎样克服恐惧、怎样设计开头结尾、怎样安排内容的起承转合，以及千万不要踩哪几个坑。不管是在职场上还是生活中，这些技巧都非常有帮助。

彩蛋 不做文案创作者还能做什么

中国广告圈存在一个奇怪的现象：除了老板、合伙人或部分高管，你看不到 35 岁以上的人。仿佛公司里藏着一个隐形的怪物，看谁过了 35 岁生日，它就一口将他 / 她吃掉。

生理寿命越来越长，职业寿命越来越短。

其实无论是体力还是脑力，35 岁的人都正值"当打之年"，他们不再是"愣头青"，有成熟的经验，能更好地处理工作，甚至因为有了家庭，连辞职的概率都低了不少，利用价值这么高的一个群体，为什么这么不受待见呢？

解决不了职场问题，我们可以解决自己的问题。

文案创作可能不是终身职业，但许多前辈已经开启了事业的第二春。那就看看前辈们是如何开启第二春的，你也可以根据自己的实际情况，尽早斜杠① 起来。

以下案例，仅供参考。

---

① 源自网络流行语"斜杠青年"，"斜杠"（/）在这里用作分隔符，用来表示一个人在职业身份上的多重性。——编者注

开公司

创业是很多文案创作者（包括设计师）的最终出路之一。

曾在 BBDO 广告公司做过三年创意总监的江畔，后来和老搭档许稼逸合伙创办了广告公司"意类"，该公司的作品叫好又叫座；大学时爱写诗的文艺青年江南春，凭借给广告公司写的一句广告语挣到上千元后，决定投身广告业，后来创办了分众传媒。

不过，创业和上班需要的是完全不同的能力，文案创作者一定要客观衡量自己的性格和专长。如果不适合一个人创业，就不要勉强自己，可以找靠谱的同事合伙，能力互补，沟通起来也顺畅。文案创作者的创业第一课，就是学会谈钱，提前说好分红模式，并落实到白纸黑字上，好过最后不欢而散。

搞音乐

黄霑可能是广告圈最早的跨界达人，肆意挥洒各种创作才华，并在每个领域都成了大师。除了创作出"人头马一开，好事自然来"这样的经典文案作品，他还主演过电影，主持过综艺，但他最广为人知的身份还是音乐人，并且留下了几十首经典词曲。

20 世纪 90 年代，中国台湾有家公司叫作黑羊广告，负责人叫黄舒骏，他后来成为创作歌手和唱片公司的音乐总监；在中国台湾奥美上班的郑智化，抱着玩一玩的心态写了首广告歌《给开心女孩》，这首歌曲引起了点将唱片公司的注意，当唱片公司说服他当歌手时，他不走寻常路，用报告文学的方式创作出了专辑。这就是文案出身的好处，做什么都充满创意。

写小说

电影《七月与安生》的原著作者庆山（安妮宝贝），早年曾在南京一家广告公司写文案，因为喜欢写作，加入了文学网站"榕树下"，是当时该网站的"四大写手"之一，后来出版了《告别薇安》《清醒纪》《二三事》《蔷薇岛屿》和《彼岸花》等诸多作品。

北京房某地产广告公司的一位文案创作者，以"大力金刚掌"为网名，写出了畅销百万册的《茅山后裔》系列作品，之后又以严谨流畅的文风创作了《勤王记 2》。优秀的文案创作者，总是能驾驭不同风格的题材类型。

做采访

单向街书店创始人、《十三邀》主持人许知远，大学时在读了《一个广告人的自白》后就把奥格威列为偶像之一，从北京大学毕业后进入了广告行业，给某笔记本电脑品牌写文案。他觉得"广告是跟启蒙连在一起的，因为它的语言是社会变化的象征和风向标"，后来他开书店、做访谈，也没放下对文案的执念："我很强烈地意识到广告是个有意思的表达方式，可以表达、传递你的想法，所以我经常参与文案写作。"

先后在北京奥美、上海达彼思、HAVAS（北京）等国际 4A 及本土 4A 公司担任文案、创意群总监、创意合伙人的罗易成，离开广告圈后投身传统手艺领域，带领团队在全国各地拜访了 300 位手艺人，拍摄了长达 220 分钟的纪录片《中国守艺人一百零八匠》，以及关于海峡两岸手艺人匠心对话的系列纪录短视频《求同存艺》。

拍电影

中国香港著名导演和编剧岸西，曾在广告公司写过 6 年文案，业余时间为中国香港电台写电视单元剧。有一次她随意写了一个 20 分钟的电影小剧本，意外地被曾志伟和陈可辛看到，两个人非常欣赏她的才华，邀请她加盟刚成立的 UFO 电影公司，担任《甜蜜蜜》的编剧。岸西一出手就拿下了中国香港电影金像奖最佳编剧奖，后来她又陆续创作了《玻璃樽》《男人四十》《三岔口》《月满轩尼诗》等经典作品。

当父母

不开玩笑，我碰到过坚决要做丁克一族的同事，但是大部分文案创作者应该都会结婚生子，优秀的文案创作者甚至会用更有创意的理念和方法培养下一代，有他们的指引和带领，孩子必然会更出色。

英国某广告公司的一位文案员工，娶了一位美国空姐，二人共育有三个儿子：大儿子马修·诺兰（Matthew Nolan）、二儿子克里斯托弗·诺兰、小儿子乔纳森·诺兰（Jonathan Nolan）。在大学期间，兄弟仨人读的都是英国文学。老二和老三毕业后，一个做了导演，另一个当了编剧，后来的故事，相信很多人都已经知道了。